AF370814

GEORGES D'ESPARBÈS — HECTOR FLEISCHMANN

1804=1805

L'ÉPOPÉE DU SACRE

PRÉFACE
DE
Henry HOUSSAYE
de l'Académie Française

PARIS
Albert MÉRICANT. Éditeur
1, Rue du Pont=de=Lodi, 1

« A côté des histoires de faits, que seuls
peuvent écrire ceux qui sont à portée des
sources, il y a les histoires d'idées qu'il est
permis de concevoir et d'exécuter d'après
les travaux originaux. Il n'est pas inutile de
rassembler leurs conclusions isolées, de rap
procher leurs résultats parfois différents, de
comparer des assertions souvent diverses.
Bref, de tenter une synthèse à la fois hardie
et prudente des éléments dégrossis et préparés par de longues et patientes analyses. »

Albert MEYNIER, *Napoléon Ier* (essai psy-
chologique et historique; 1898).

L'ÉPOPÉE DU SACRE

DU MÊME AUTEUR

Les Horizons hantés (pages sur la Révolution).   *1 vol.*

Napoléon et la Franc-Maçonnerie, nouvelle édition considérablement augmentée. . . . . . .   *1 vol.*

La Guillotine en 1793, d'après des documents inédits des Archives nationales. . . . .   *1 vol*

Les Filles publiques sous la Terreur, d'après les rapports de la police secrète. . . . .   *1 vol.*

Une Maîtresse de Napoléon, d'après des lettres inédites, avec une préface de M. Jules Claretie, de l'Académie française. . . . .   *1 vol.*

Les Discours civiques de Danton (*Fasquelle, éditeur*). . . . .   *1 vol.*

Les Femmes et la Terreur (*Fasquelle*, éditeur).   *1 vol.*

Les Œuvres révolutionnaires de Bonaparte (*Fasquelle*, éditeur). . . . .   *1 vol.*

Anecdotes secrètes de la Terreur. . . . . . .   *1 vol.*

EN PRÉPARATION

Napoléon adultère.

Joséphine infidèle.

Marie-Louise libertine.

L'ACCUSATEUR PUBLIC DE LA TERREUR

I. — Les Réquisitoires de Fouquier-Tinville (*Fasquelle*, éditeur) . . . .   *1 vol.*

II. — Correspondance judiciaire et privée de Fouquier-Tinville. . . . .   *1 vol.*

III. — Fouquier-Tinville intime (à paraître).

IV. — Réhabilitation de Fouquier-Tinville (en préparation).

G. D'ESPARBÈS   H. FLEISCHMANN

★ ★ ★

L'ÉPOPÉE DU SACRE

1804-1805

PRÉFACE DE

M. HENRY HOUSSAYE

DE L'ACADÉMIE FRANÇAISE

*Avec des estampes, gravures, autographes
et documents de l'époque*

PARIS

ALBERT MÉRICANT, ÉDITEUR

1, RUE DU PONT-DE-LODI, 1

Préface

de

M. HENRY HOUSSAYE

de l'Académie Française

Il y a deux ou trois ans, je lus dans une petite revue d'avant-garde, un très court article sur je ne sais plus quelle étude napoléonienne. Cet article, signé d'un nom qui m'était inconnu : Hector Fleischmann, me frappa par l'originalité, l'énergie, le tranchant des idées. Il y avait sur Napoléon, la Révolution et l'Empire, des aperçus et des jugements contrastant avec les coutumières banalités. Je fus surpris de trouver chez un si jeune écrivain cette connaissance ou plutôt cette divination de l'Empereur. J'écrivis à l'auteur. C'est pourquoi, sans doute, il est venu aujourd'hui me demander une préface pour *l'Épopée du Sacre*.

Ce livre commence au 18 mai 1804 et s'achève le 26 décembre 1805. Il comprend la proclamation de l'Empire, la constitution du nouvel ordre de choses, les premières distributions de la Légion d'honneur, le sacre à Notre-Dame, le couronnement à Milan, la capitulation d'Ulm, la bataille d'Austerlitz, le traité de Presbourg. C'est l'apogée de la fortune napoléonienne. Mais M. Hector Fleischmann ne s'en tient pas au tableau de ces vingt mois si pleins d'événements et de gloire. Il jette des regards en arrière vers le Consulat et la Révolution, il a des visions des futurs déclins et des catastrophes. Le récit intéresse, mais plus encore les idées qui foison-

nent excitent l'attention. J'en contesterais
plus d'une, mais toutes sont curieuses et
suggestives.

Au reste, s'il y a sur Napoléon tant d'opinions opposées — j'entends sur ses idées, car
je crois que tout le monde s'accorde désormais à reconnaître son prodigieux génie —
c'est que lui-même, au cours de son existence,
si brève par les années, mais si longue par
l'emploi qu'il en a fait, a eu aussi des opinions contraires. On l'appelait *le géomètre
des batailles*. Il disait cependant « qu'il n'y a
rien d'absolu dans la science de la guerre ».
Il disait encore : « Il n'y a pas d'ordre naturel
de bataille... on s'engage partout, et l'on voit
ensuite. » Dans la pratique, ses forces, celles
de l'ennemi, les positions occupées, la figure
du terrain lui faisaient varier à l'infini les combinaisons de la stratégie et les mouvements
de la tactique. Or, cet homme-là pouvait-il
avoir des idées immuables en ce qui regardait la science beaucoup moins exacte encore
de la politique?

Pour dire : « Napoléon pensait cela », il faudrait toujours préciser l'époque. Le jeune gé-

néral de l'armée d'Italie, qui a participé aux événements et qui connaît les hommes autrement que par les livres, est bien loin de l'idéologue lieutenant d'Auxonne, nourri de Rousseau et de Raynal. Le commandant de l'armée d'Égypte n'a plus les opinions du commandant de l'artillerie au siège de Toulon. L'empereur de 1810 pense autrement que l'empereur de 1804, et le grand vaincu de 1814 et de 1815 est revenu de bien des idées qui fascinèrent le vainqueur de 1809.

Dans l'opinion du peuple — et cette opinion est la pierre angulaire de la légende napoléonienne — Napoléon a été le continuateur de la Révolution.

C'est juste si l'on parle du Premier consul qui ordonne, organise, consolide la Révolution ; « l'infuse dans ses lois » selon son expression ; en maintient, et en maintiendra tant qu'il gouvernera ces principes : l'égalité, la liberté civile, la parité des droits et des devoirs, la communauté des impôts, l'irrévocabilité des ventes de biens nationaux, la prééminence de l'ordre civil sur le militaire, l'extension de l'instruction publique, les frontières naturelles, enfin l'unité française que la monarchie avait faite par des conquêtes et des héritages, qui avait pris son âme au souffle révolutionnaire et que la dictature napoléonienne acheva par la pacification et la concorde.

C'est faux, en grande partie du moins, s'il s'agit de l'Empereur qui se fait sacrer par Pie VII, qui rétablit la cour, qui crée une nouvelle noblesse héréditaire, qui a des prisons d'État comme un Louis XIV, qui ne souffre qu'une Chambre servile, un Sénat prosterné et une presse esclave.

Cela redevient vrai si l'on pense au glorieux échappé de l'île d'Elbe. Sur la voie triomphale de Cannes à Paris, il soulève les foules qui crient : « Vive la liberté ! A bas les droits féodaux! ». Rentré aux Tuileries, il donne aux Français une constitution libérale. A Waterloo, il se trouve combattre, comme à ses premières armes, pour le droit nouveau contre les lois traditionnelles, pour la Révolution contre l'ancien régime.

Notre grand Brunetière a écrit dans un discours à l'Académie française : « Si Napoléon n'était que le vainqueur d'Austerlitz, il n'y aurait pas eu de légende napoléonienne. En réalité, c'est Waterloo qui l'a sacré pour nous. Sa légende est née du sein de la défaite, pour protester au nom de l'idée vaincue contre la basse religion du succès. » Quelle fut donc, à Waterloo, cette *idée vaincue* que Brunetière indique sans la préciser ? C'était l'idée de la Révolution.

HENRY HOUSSAYE.

AVANT=PROPOS

Sur un livre de l'Empire

. . . .

— Je vous dis la vérité, mon livre n'est pas un roman.

Et j'ajoute, un peu confus :

— Il n'y a pas d'amour.

Alors, interdits, ils se lèvent. Ils ont des idées sur la littérature. Ils croient que je plaisante.

— Petit, petit, c'est donc que tu le caches...

— Non, il est dans ma valise ; je vous en ai porté un.

— Et qu'est-ce qu'il apprend cet écrit ?

Je tire ma moustache, et d'une voix qui a crainte de les affliger, d'une voix qui se perd dans le cornet de ma main :

— Il raconte des *batailles*.

Une seconde, raides, il ne disent rien, comme si devant leur visage un triste éclair était passé. Puis, tout d'un coup :

— Tu n'as rien, au moins ! Lève-toi, qu'on voie ! Oh ! pire enfant ! Ici, où as-tu mal ? Ce peu de vin, allons.

Et ils cherchent, comme si j'avais du sang sur moi. C'est seulement à mon rire qu'ils se reprennent

— Tu nous as fait peur...

— Mais a-t-on vu, écrire des guerres !

Ils sont immobiles sur leurs chaises, les genoux égaux, frissonnants. Des batailles, un si bon garçon !

Ils balbutient, et je vois enfin, sur leurs joues bises qu'on dirait de soie, une larme attardée qui coule.

— Proche, petit, viens là... Gare-toi du courant. Ah ! ces portes !

Le vieux n'a rien dit, et, comme il lut beaucoup, dans des **temps**, c'est lui le premier qui interrompt :

— ... La campagne des Albigeois, qui dura cent ans, par là du côté de Toulouse...

Je dois sourire, car il s'arrête.

— Mais non...

— Le combat des mauvais anges, démon, fils du feu éternel, autrement dit le noir esprit...

— Vous n'y êtes pas.

Et j'avoue, comme tout à l'heure, un peu moins haut :

— Ce sont les guerres de l'*Empire*...

Puis je commence, par phrases brèves, et je leur explique mon livre. Allons, est-ce qu'ils auraient peur ? Je les entrevois dans le brouillard de ma cigarette, recroquevillés par l'attention, la main dans la main, comme des enfants. Peu à peu, une même angoisse les rapproche, et, tandis qu'ils m'écoutent, les épaules jointes, je les promène dans les armées superbes, les capitales conquises, les champs de sang et sous ces grands arcs d'or et de fumée où crépitaient les tambours ! Je m'emballe comme si j'y étais ; je me dresse sur les pieds comme un chasseur qui entend des voix... J'empoigne un cheval de houzard, le premier venu de mon livre, je redescends dans l'histoire, d'un bond, et, à Marengo, je m'élance! Alors, dans une forêt de sabres, au grand galop de mon « enfonceur », au fur et à mesure que nous sautons les époques, j'annonce les belles batailles : Hohenlinden! Austerlitz! Iéna! Eylau! Friedland! Puis tous les combats d'Espagne et d'Autriche : Abensberg! Landshutt! Eckmükl! Ratisbonne! Essling et Wagram! Je campe sur selle tous les maréchaux : Murat, grand-duc de Berg, vêtu en tambour-major avec ses plumes, ses bottes rouges et son grand sabre mortel, où était gravée la devise : *Pour l'honneur et les dames!* Ney, à la tête carrée; Lannes qui, jusqu'à la fin, tutoya l'Empereur; le beau Lasalle dans une fumée de pipe, et d'autres vieux, superbes et dorés, droits comme des fantômes sur leurs montures colossales.

A un moment, ma voix s'étrangle, je me démène dans le tohu-bohu des canons, des piétinements, des balles, des trots et des charges, des sabres, des appels, des cris!

Les murs de la chambre s'enfoncent; une grande foule y tournoie vertigineuse, comme dans le défilé de Raffet : des nuées de dragons aux têtes de mort, en colonnes de régiment, l'arme au clair, que des bêtes de rêve, aux naseaux rouges, culbutent dans l'oubli et la nuit...

C'est Waterloo, c'est la fin, — et comme les vieux, c'est moi, maintenant, qui sens mes joues chaudes; je baisse le front, je me rassieds, je pleure...

Ils ne parlent plus, ils sont sourds de tout ce bruit, aveugles de tout ce feu. Seulement, les veines de leurs mains bougent à petits coups. Sur leurs visages de sable gris, leurs yeux me semblent de verre..., et, liés l'un à l'autre en un mouvement éperdu, ils ont l'air morts.

— Eh bien? faut-il que je vous le donne, ce livre?

Ils lèvent leurs mains comme si j'allais les brûler. Ils disent :

— Mets-le là, sur la cheminée...

Et ils se reprennent à sourire; mais leurs yeux ont changé de forme, de couleur, il y a encore un peu de tumulte entre eux et moi...

* *
*

J'ai placé le livre où ils voulaient, entre un Cœur divin brodé au plumetis (la mode en est perdue) et Notre-Dame-de-Bonne-Encontre, une silhouette effacée par les jours, dont les pâles mains étalent cette banderolle en fine anglaise : *Je suis l'Amour. Je suis la Bonté et la Vie.* Qu'en penseront mes grognards?

Je me retourne pour les surprendre, les mouches, dérangées, s'envolent, — et, au bout du brin de soleil qui zigzague la chambre, je les aperçois immobiles, muets, assis à la même place, dans la même pose, qui regardent mon livre...

Jamais ils ne le liront. Il est destiné à vieillir là, dans la solitude, avec ses pages vierges qu'aucun doigt ne coupera. Des ans, des ans passeront, — et, en me transportant à une époque peu lointaine, qui sait, demain... — lorsque mon effort sera oublié, je pense à la gloire qui doit m'être échue, la seule méritée après tout, et qui sera de revoir, dans l'émotion du souvenir, ces deux petits vieux tremblants, attentifs et ravis comme en face des Évangiles, contempler mon bouquin de batailles, toutes portes closes, avec ce regard où il y avait, sous un peu de terreur, tant de tendresse étonnée.

G. D'ESPARBÈS.

L'AVÈNEMENT

A

L'EMPIRE

L'ÉPOPÉE DU SACRE

I

La Conspiration étrangère

Foudroyé, déchu, brûlé de la fièvre du soleil africain, Napoléon s'écriera souvent, pendant les six années de son exil : *Le sacre !... Ah ! l'année du sacre !... la campagne du sacre !...* A ces instants-là, ses compagnons sentiront passer dans sa voix basse, étouffée, comme le sanglot de désespéré regret des grandes choses mortes, de ces hautes lueurs éteintes derrière l'horizon napoléonien.

C'est qu'à l'heure où il entre dans la légende, où il entre dans la nuit, il comprend nettement que c'est là l'année heureuse de sa fortune, la date qui marque l'énorme ivresse du pouvoir, de son pouvoir, du triomphe, de son triomphe.

Quelle année d'Empire peut dérouler pour lui, pour la consolation affligée et orgueilleuse de son souvenir, la magnificence d'une pareille pompe ? Parmi les cloches, les canons, les tambours, l'exaltation héroïque de ses soldats, l'acclamation d'un peuple conquis à sa destinée, il monte, lourd de pourpre, couronné, armé, au trône de Charles le Magne.

Il donne au monde le spectacle de la plus

admirable victoire de volonté; on peut le croire maître du Destin. A ce triomphe, il associe les fantômes du premier Empereur des Francs et de Clovis, « fondateurs de la monarchie française[1] », les princes captifs de sa fortune et les rois humiliés par les armes jacobines. Jamais plus merveilleux cortège ne balayera de ses manteaux de parade la trace de ses pas. Dieu lui-même participe à son triomphe. Ce Pape qui l'a félicité de son avènement à l'Empire[2], ce Pape qui se courbe aujourd'hui pour mieux se redresser demain, ce Pape est là avec sa tiare, son hermine, ses croix et la bénédiction lente de ses doigts levés. Et cela dans la ville où, il y a dix ans à peine, Dame Guillotine déplorait l'absence d'une tiare dans son panier[3].

---

1. *Procès-verbal de la cérémonie du sacre et du couronnement de LL. MM. l'Empereur Napoléon et l'Impératrice Joséphine*; à Paris, de l'Imprimerie impériale; an XIII (1805), p. 1.

2. Lettre sur vélin de Pie VII à Napoléon Iᵉʳ; Rome, 4 juin 1804, 1 p. double in-fol.; — *Catalogue E. Chararay*, nov. 1887.

3. « Ah! qu'une tiare dans le panier ferait un merveilleux effet, et que la tête du Saint-Père ajouterait à mes lauriers! L'idée de ne pas pouvoir en jouir m'attriste! Ah! si Sa Sainteté prétendue et le sacré Collège des cardinaux voulaient s'émigrer de Rome et venir faire un tour à Paris, comme je les saluerais de bonne grâce et que j'aurais de satisfaction à en faire subito des Saint-Denis, des Saint-Jean-Baptiste et des Saint-Firmin! » Préface du *Compte rendu aux Sans-Culottes de la République française par très haute, très puissante et très expéditive dame Guillotine, dame du Carrousel, de la place de la Révolution et de la Grève et autres lieux, contenant les noms, prénoms, qualités de ceux et celles à qui elle a accordé des passeports pour l'autre monde: le lieu de leur naissance, leur âge, le jour de leur jugement, depuis son établissement au mois de juillet 1792, jusqu'à ce jour: rédigé et présenté aux amis de ses prouesses par le citoyen Tis-*

Année de prodige et de miracle! Ses fanfares ne sont point mortes tout à fait dans l'écho du passé pour l'empereur tombé du plus haut faîte. Dans le vent nocturne de l'Ile, de l'Ile sacrée, il peut les entendre retentir de tout leur fracas de cuivre et de voix humaines. Le Sacre! C'est à ses yeux de visionnaire le grand tourbillon chamarré, doré, éclatant et piaffant, des dignitaires de son empire, de ses maréchaux, de ses princes, de ses rois. C'est pour lui la joie un peu lassée du créateur assistant au spectacle de sa création. De ce rocher océanique où il mesure sa chute il peut mesurer aussi sa grandeur.

1804, c'est pour lui la joie neuve de se sentir le maître d'une France éperdue, palpitante, qui s'alanguit sur sa rude épaule de soldat comme une femme amoureuse, qui s'abandonne, vaincue. Après Austerlitz, quand cette première ivresse sera passée, il se sentira las bientôt, et dans sa vie passionnée et héroïque, ce ne seront plus désormais que de grands orages de cris de joie — 1809! 1811! — de larges rafales d'enthousiasme qui déclineront peu à peu dans le crépuscule de l'Empire, s'affaibliront, s'éteindront et mêleront dans son souvenir le cri de *Vive l'Empereur!* de 1804, au cri de *Vivent nos amis les ennemis!* de 1814.

<hr>

set, *rue de la Barillerie, coopérateur du succès de la République française:* de l'imprimerie du Calculateur patriote; au Corps sans tête; Paris, an II.

*

*   *

Ce Bonaparte de l'an XIII n'a point pris encore le masque que fixera plus tard Canova dans la muette éternité du marbre, ce masque représentatif et symbolique à la fois de l'empire incarné dans l'officier corse, en qui les armées révolutionnaires acclamaient la fortune heureuse. Ce Bonaparte inconnu précède l'immense Napoléon, dit Chateaubriand [1]. Combien de ses contemporains s'y sont trompés?

De 1800 à 1804, Napoléon pétrit une France nouvelle. D'aucuns y reconnaissent une œuvre de destruction systématique, sinon haineuse, un acharnement contre-révolutionnaire [2]. Querelle de mots. L'homme qui fut l'ami de Robespierre jeune, restera un jacobin jusqu'à Sainte-Hélène. Les apparences de l'Empire sont trompeuses. Mais à cette époque il ne fait que poser les bases de l'édifice où triomphera sa volonté et sa race, du moins il l'espère, et dans les concessions du Concordat publié le 18 avril 1802, on devine confusément ce qu'attend du Pape le vainqueur d'Italie, ce qu'il demande comme chef d'un pays désormais délivré de la « tyrannie jacobine. » Cette tyrannie, c'est celle du club, de la rue, des parlementaires. Ce sont les effets d'une

1. Chateaubriand, *Mémoires d'Outre-tombe.*
2. A. Aulard, *La Révolution Française*, n° 9, 14 mars 1901, p. 280.

cause qu'on sauvegarde, qui reste debout malgré le mensonge des mots.

C'est qu'aussi à cette époque, Bonaparte se veut le *pacificateur*.

« La religion catholique est celle de la très grande majorité des Français, déclare Portalis dans ses *Considérations sur le Concordat*. Abandonner un ressort aussi puissant, c'était avertir le premier ambitieux ou le premier brouillon qui voudrait de nouveau agiter la France, de s'en emparer et de la diriger contre sa patrie. »

Or, Bonaparte ne prétend point *agiter la France*, et le corollaire s'impose: il veut la pacification.

Consul, il offre la paix à cette Vendée révoltée au nom de la religion, d'abord, de la royauté ensuite. Cette paix, que Georges Cadoudal refuse, marque, non le début, mais le point culminant dans la lutte du meunier de Breke contre le premier Consul. C'est que, pour Cadoudal et ce qu'on nomme alors « sa clique », la religion ne va point sans la royauté. Bonaparte qui consent à l'une refuse l'autre. On sait pourquoi. Et c'est de cette pacification que sortent toutes les conspirations, — royalistes ou jacobines.

En elles, et cela est incontestable, Napoléon a trouvé le marchepied, si j'ose dire, pour s'élever au trône.

Qu'on songe à sa popularité au lendemain des campagnes d'Italie, et on s'imaginera aisément l'état d'esprit du peuple de savoir son *sauveur*, son idole, entouré de tant de dangers, d'autant plus redoutables qu'ils étaient mystérieux et obscurs. Rovigo, dans ses *Mémoires*, ne dit-il pas expressément, qu'on revint à la forme monarchique, effrayé qu'on était *à la seule pensée de voir périr le premier Consul* [1]? Il n'y eut pas à Paris un plus violent débordement de colère qu'au lendemain de l'attentat du 3 nivôse. L'exécration publique couvrit de boue le nom des Bourbons à la solde desquels étaient incontestablement la plupart des conspirateurs, ou dont, tout au moins, l'approbation les couvrait.

De là une conséquence inévitable: la terreur. Après celle de 1793, on eut celle de 1804. La première fut publique, la seconde fut secrète. Cette année, quelques mois avant le sacre, elle atteignit son apogée, et quand Bonaparte la vit à ce point redoubler d'audace, le menacer à chaque heure de chaque jour, il résolut de frapper un grand coup et d'employer la vieille tactique révolutionnaire qui avait si bien réussi aux

---

1. C'est là un motif. Un autre est celui qui est donné par Rodat d'Olemps, député de la sénéchaussée de Rodez aux États généraux, député aux Anciens et au Corps législatif, dans une lettre du 6 prairial an XII, à Fontanes, président du Corps législatif. Après avoir déclaré adhérer à la proposition de Fontanes relative à l'établissement de l'Empire héréditaire, il ajoute : « Ayant eu l'honneur de siéger à l'Assemblée constituante, j'y ai acquis la conviction que le gouvernement monarchique héréditaire pouvait seul donner à la France le calme nécessaire et même une véritable liberté. J'espère que le gouvernement sera assez fortement constitué pour que l'Empire n'ait pas à redouter que sa sûreté et sa gloire soient jamais compromises, soit par la faiblesse d'un Louis le *Débonnaire*, soit par la démence d'un Charles VI ou d'un Georges .» *Catalogue N. Charavay*, p. 385, septembre 1908.

thermidoriens après la chute de Maximilien de
Robespierre: répondre à la terreur par la terreur.

C'est en effet, en cette année 1804, le grand
souci de l'Empereur et de Fouché: se débarras-
ser de la conjuration royaliste. Elle inquiète
Napoléon, il en arrive à craindre ces poignards
qu'il ne rencontra cependant point « sur son
passage, durant les onze années de son ombra-

geuse tyrannie[1] ». Fouché y voit les moyens d'une fortune qui ne pourra que s'agrandir. Il agite devant Napoléon le spectre de cette conspiration mystérieuse, et il écrira sans se lasser: *l'air est plein de poignards!* Formule qui exaspérait Bonaparte et lui faisait presser Fouché d'en finir avec la faction royaliste. Le reproche du meurtre du duc d'Enghien pèse encore trop lourdement aujourd'hui sur la mémoire de Napoléon, pour que nous ne nous arrêtions pas un instant sur les circonstances qui entourèrent l'exécution militaire de Condé dans les fossés de Vincennes. Quelle fut la part de chacun dans cette rapide tragédie commencée dans la nuit et terminée dans cette même nuit? Talleyrand semble porter, au témoignage de Chateaubriand qui s'appuie sur les documents, une lourde responsabilité dans cette affaire, à laquelle on ne peut cependant faire le reproche que d'avoir été menée avec une rigueur et une rapidité toutes militaires.

Dans le *Mémorial de Sainte-Hélène*, Napoléon, devinant l'accusation royaliste qui serait portée par les siècles, s'est, à cet égard, expliqué d'une manière qui ne laisse aucun doute sur ses intentions. « Je sais bien, dit M. Welschinger, qu'à Sainte-Hélène il a écrit sur son testament qu'il recommencerait encore cette tragédie, s'il se trouvait dans les mêmes circonstances. J'ai lu

---

1. Victor **Hugo**, *Journal d'un Jacobite;* édit. de 1864, p. 68.

sur l'original même ces trois lignes effrayantes ; mais j'ai constaté qu'elles étaient tracées d'une main hésitante et qu'il y avait dans cette affirmation audacieuse plus de crainte que de vérité. Napoléon voulait excuser le crime en accusant d'abord le duc de Bourbon, puis il effaçait le nom commencé et y substituait celui du comte d'Artois, auquel il reprochait d'avoir entretenu à Paris cinquante ou soixante assassins contre lui. Il variait ce chiffre... » Singulier reproche ! Comment Napoléon l'aurait-il su avec certitude, ce chiffre ? Continuons : « Certes il avait eu raison de frapper ces vrais conspirateurs qui menaçaient lâchement sa vie, mais, encore une fois, il avait eu tort de frapper celui dont les papiers intimes, dont la demande d'audience si émouvante, si sincère, criaient l'innocence. S'il l'a fait, c'est autant dans un but d'ambition que de vengeance. Il effrayait les Bourbons et les royalistes, il rassurait les jacobins [1]. » Accusations contradictoires ! Il est hors de doute que Napoléon avait hésité, et cette hésitation était déjà de la clémence, et M. Welschinger reconnaît d'autre part, que l'exécution trop hâtive du jugement ne saurait être reprochée à Napoléon. Alors ? Mais Talleyrand était là ; Fouché était là ; le pavé de la rue Saint-Ni-

---

1. Henri Welschinger, *Les Négociations du Sacre de Napoléon*, *Nouvelle Revue*, 15 mars 1908, p. 175. — Au surplus, on consultera avec intérêt, malgré son parti pris, le livre de M. Welschinger, *le Duc d'Enghien* (1772-1804).

caise était jonché encore des débris fumants de la machine infernale. Le feu de peloton du 21 mars 1804 fut l'écho affaibli de l'explosion du 3 nivôse an IX.

Cette tragédie n'empêcha en aucune manière la mère de la victime, la duchesse de Bourbon, de solliciter de *l'assassin* une augmentation de pension de 200 000 francs [1].

On ne doit d'ailleurs pas croire à l'innocence du duc d'Enghien dont la seule défense était la jeunesse, et peut-être le malheur et l'exil [2]. Sa signature, au bas de la note de Louis XVIII l'affirmait ennemi de Bonaparte [3]; ses menées avec

1. *Les Mémoires d'une inconnue, publiés sur le manuscrit original* (1780-1816); Paris, 1894, in-8, p. 255 — Sur la duchesse de Bourbon, consulter : *la Mère du duc d'Enghien* (1750-1822) par le comte Ducos.

2. Une thèse curieuse a été récemment soutenue à propos du duc d'Enghien, par M. Maurice Letellier dans *le Petit Caporal*, 26 octobre 1906. Selon M. Letellier, le duc se serait uniquement occupé de ressusciter politiquement Louis XVII, décédé officiellement au Temple. Louis XVIII, de concert avec Fouché, aurait compromis le duc dans la conspiration étrangère, afin de supprimer le restaurateur possible du trône du fils de Louis XVI. Ce n'est là, il faut le dire, qu'une hypothèse, que l'organe de la survivance, *la Légitimité*, nº 4, avril 1907, p. 70, a souligné lui-même.

3. Texte de la note de Louis XVIII :

« Varsovie, 28 février 1803.

« Je ne confonds pas M. Buonaparte avec ceux qui l'ont précédé : j'estime sa valeur, ses talents militaires : je lui sais gré de plusieurs actes d'administration, car le bien que l'on fera à mon peuple me sera toujours cher. Mais il se trompe s'il croit m'engager à transiger sur mes droits; loin de là, il les établirait lui-même, s'ils pouvaient être litigieux, par la démarche qu'il fait en ce moment. J'ignore quels sont les desseins de Dieu sur ma race

les réfugiés de Londres, sa correspondance avec la conspiration étrangère[1], tout cela, il le faut reconnaître, ne militait guère en faveur d'un acquittement auquel, d'ailleurs, personne ne songea.

La Convention nationale avait, à l'Europe monarchique, jetée en 1793 la tête hagarde du roi. En 1804, Bonaparte signifiait par l'exécution du duc d'Enghien, revendiquée par lui, hautement, nettement, la rupture définitive, — il le croyait, — de la France avec la royauté. Il brisait avec le passé qui remontait à l'assaut, qui concentrait ses forces éparses sur Paris et minait sourdement l'édifice nouveau de la nation.

Au seuil de l'Empire gisait ce premier cadavre, victime des opérations de simple police commencées par brumaire et que les conjurations royalistes ne pouvaient que rendre plus redoutables.

La nouvelle de la mort de Condé apportée à Paris n'y causa, au témoignage unanime des con-

---

et sur moi ; mais je connais les obligations qu'il m'a imposées par le rang où il lui a plu de me faire naître. Chrétien, je remplirai ces obligations jusqu'à mon dernier soupir ; fils de saint Louis, je saurai à son exemple me respecter jusque dans les fers ; successeur de François Ier, je veux du moins pouvoir dire comme lui : *Nous avons tout perdu, fors l'honneur.*

« LOUIS.

« Avec la permission du roi, mon oncle, j'adhère de cœur et d'âme au contenu de cette note.

« LOUIS-ANTOINE. »

1. La *Correspondance du duc d'Enghien* a été récemment publiée par le comte Boulay de la Meurthe.

2*

temporains, qu'une émotion relative[1]. Elle devait frapper plus violemment les réfugiés de Londres et de Prusse. Ecrivant au roi d'Espagne Charles IV, qui venait d'offrir la Toison d'or à l'Empereur, Louis XVIII disait en lui renvoyant sa décoration de l'ordre: « Monsieur et cher cousin, il ne peut y avoir rien de commun entre moi et le grand criminel que l'audace et la fortune ont placé sur le trône qu'il a eu la barbarie de souiller du sang pur d'un Bourbon, le duc d'Enghien. La religion peut m'engager à pardonner à un assassin, mais le tyran de mon peuple doit toujours être mon ennemi. » Ce à quoi l'Empereur, dans une lettre de Calais, le 18 thermidor an XII (6 août 1804), à Talleyrand, répondait, en le blâmant d'avoir attaché quelque importance au renvoi de cette lettre: « L'oubli, le mépris, l'insouciance est le meilleur parti à prendre dans les affaires de cette nature[2]. »

Les souverains, que Napoléon devait vaincre plus tard, comprirent nettement à cette nouvelle où voulait en venir l'homme de Marengo. La cour de Russie prit le deuil; exemple suivi

---

1. M. Welschinger, *art. cit.*, p. 175, 176, affirme le contraire et en donne cette raison assez spécieuse : « Quoi qu'on en dise, l'opinion n'est pas demeurée indifférente. Elle s'est tue, par peur, hélas! mais le silence n'était pas une approbation. Il fut rompu, d'ailleurs, par la voix de Chateaubriand, et c'est déjà quelque chose. » Mais Chateaubriand tout seul était-ce la France tout entière?

2. *Correspondance de Napoléon I*; t. IX, p. 571.

à Madrid et à Vienne. Protestation significative qui laissa Napoléon à peu près indifférent [1].

Et plus tard, dans son manifeste du 9 octobre 1806, à l'ouverture de la campagne de Prusse, Frédéric-Guillaume rappelait encore le souvenir du drame de Vincennes, et déclarait: « Les Allemands n'ont pas vengé la mort du duc d'Enghien; mais jamais le souvenir de ce forfait ne s'effacera parmi eux. »

1. A propos de ces deuils de cour, on peut relever, dans la correspondance de l'Empereur, ces deux lettres qui témoignent de son état d'esprit à cet égard :

> « Au maréchal Brune
>> « Pont-de-Briques, 8 thermidor an XII
>>> « (27 juillet 1804)

« Général Brune, mon ambassadeur à Constantinople, je vous expédie le présent courrier pour vous donner des instructions sur la conduite à tenir par rapport au cabinet russe. — J'ai rappelé Hédouville après l'incartade de la cour de Saint-Pétersbourg, qui a eu l'ineptie de porter le deuil du duc d'Enghien sans tenir à lui par aucun lien de parenté.

>> « NAPOLÉON. »

Et quelques jours plus tard :

> « A M. Talleyrand
>> « Dunkerque, 22 thermidor an XII
>>> (10 août 1804)

« M. Talleyrand, ministre des relations extérieures, je vous envoie le portefeuille.

« Je ne pense pas qu'il soit utile de tarder plus longtemps de répondre à la Russie... Voici je pense comment il faudrait répondre à M. d'Oubril :

>> « Le soussigné, ministre des relations extérieures :

« Lorsqu'on a porté à Saint-Pétersbourg le deuil d'un homme « condamné à mort pour avoir conspiré contre la France, Sa « Majesté ne s'est pas plainte, on a poussé l'inconvenance jusqu'à « le faire porter en Espagne, à Vienne, même en Hollande... »

>> « NAPOLÉON. »

Et avec le printemps l'herbe reverdit dans
les fossés du donjon [1]. Enghien écarté, disparu,

1. La bibliographie relative au duc d'Enghien, aux circonstances de sa mort, est relativement considérable. Nous ne citerons
ici que les principaux ouvrages auxquels on pourra se reporter
pour en étudier les détails : Guichard, *Procès célèbres de la Révolution ou tableau historique de plusieurs procès fameux, tenant aux principaux événements de l'interrègne révolutionnaire,
notamment : celui des agents royaux arrêtés en l'an V (1797),
celui d'Aréna et autres, celui de la Machine infernale, celui de
Georges, Pichegru, Moreau et autres, etc., etc.* 1814, 2 vol. in-8 ;
Abbé de Bouvens, *Notice historique sur Louis-Antoine-Henri
de Bourbon, Condé, duc d'Enghien, suivie de son oraison funèbre*; Toulouse, 1814, in-8; *De l'assassinat de Mgr le duc
d'Enghien et de la justification de M. de Caulaincourt*; Orléans,
1814, in-8; Dupin aîné, *Pièces judiciaires et historiques relatives au procès du duc d'Enghien, avec le journal de ce prince
depuis l'instant de son arrestation*; Paris, 1823, in-8 ; Duc de
Rovigo, *Sur la catastrophe de Mgr le duc d'Enghien, extrait
des Mémoires de M. le duc de Rovigo*; Paris, 1823, in-8 ;
M. Maquart, *Réfutation de l'écrit publié par M. le duc de Rovigo, accompagnée de pièces justificatives et suivie de l'Éloge de
Mgr le duc d'Enghien*; Paris, 1823, in-8 ; *Pièces historiques et
inédites relatives au procès du duc d'Enghien, précédées de la
discussion des actes de la Commission militaire*; Paris, 1823,
in-8 ; Nougaréde de Fayet, *Recherches historiques sur le procès
et la condamnation du duc d'Enghien*; Paris, 1844, in-8 : Comte
A. R. de Villemur, *Mgr le duc de Bourbon, notice historique sur la vie et la mort de Son Altesse Royale, documents
inédits*; Paris, 1852, in-8; L. Constant, *les Grands Procès politiques : le duc d'Enghien, d'après des documents authentiques*;
Paris, 1869, in-18; J. Crétineau-Joly, *Histoire des trois derniers
princes de la maison de Condé ; prince de Condé ; duc de Bourbon ; duc d'Enghien, d'après les correspondances originales et
inédites de ces princes;* Paris, 1872, 2 vol. in-8; Comte Boulay
de la Meurthe, *les Dernières Années du duc d'Enghien (1801-
1804)*; Paris, 1866, in-12; duc de Broglie, *le Procès et l'Exécution du duc d'Enghien;* Paris, 1888, in-8, Comte de Choulot,
*Mémoires et Voyages du duc d'Enghien précédés d'une notice
sur sa vie et sur sa mort;* Moulins, s. d., in-8; Jacques de la
Faye, *la Princesse Charlotte de Rohan et le duc d'Enghien;*
Paris, 1907, in-8, etc. etc.

restait Cadoudal; Cadoudal, l'homme qui avait

CARICATURE ANGLAISE
A PROPOS DE L'EXÉCUTION DU DUC D'ENGHIEN.

juré d'égorger le « sicaire » en plein midi, devant le peuple, au front de bandière de ses trou-

pes. Depuis quelques mois, il avait disparu de
Paris, quoique des rapports de police fussent
venus affirmer sa présence en des endroits habi-
tuellement surveillés. Georges, en réalité, était
à Londres, offrant ses services aux princes qui
allaient lâcher ce dogue, *féroce*, écrit Michelet,
sur le premier Consul. Le danger, quoique mo-
mentanément éloigné, n'en était pas moins pres-
sant. On surveillait à la fois les côtes, les routes
de Normandie et de Bretagne et les barrières de
Paris. Vaines précautions qui n'empêchèrent
point Cadoudal de débarquer en août 1803 à la
falaise de Béville, à la faveur d'un violent orage,
de traverser les barrières et de se cacher dans
Paris où étaient rentrés avec lui Pichegru, le
vainqueur des Hollandes, et Moreau, le vainqueur de Hohenlinden. Moins de deux mois
après l'exécution de Condé, Cadoudal était arrêté
un soir, près du Luxembourg, dans le cabriolet
qui l'emmenait vers un nouvel asile. Comme
Pichegru, Georges était un véritable colosse. A
coups de poing, à coups de pistolet, il abattit des
policiers, assomma des bourgeois. Mais cette
année devait voir périr les derniers fidèles de
Louis XVIII. Georges fut pris, condamné à mort
le 11 mai et exécuté le 24 juin avec ses complices.
Pendant ce temps quatre gendarmes menaient
vers la frontière d'Espagne, Moreau condamné
à la déportation et on enterrait Pichegru trouvé
étranglé dans sa prison.

Dans la nuit du 28 février, on avait arrêté Pichegru, dans un petit appartement au numéro 11 de la rue Chabanais[1]. Dénoncé et vendu pour 100 000 francs par un nommé Leblanc, celui-là même qui lui avait procuré son dernier asile, le général soutint un effroyable combat contre les gendarmes. Ils le trouvèrent lisant au lit. On renversa la lampe qui l'éclairait, mais Pichegru s'était déjà levé et ce fut dans l'obscurité silencieuse de cette maison endormie la lutte la plus tragique et la plus émouvante qu'il soit possible d'imaginer. Sous le nombre, le général succomba. Comme il était nu, on le roula dans des draps, dans des couvertures, on en fit un ballot qu'on mena chez le gouverneur de Paris, jeté sur une civière où « il rugissait comme un taureau[2] ».

En l'espace de trois mois, le premier Consul se voyait débarrassé de tous ceux-là qui l'inquiétaient. La conspiration étrangère ainsi frappée à la tête, dans ses œuvres vives, s'arrêta pour reprendre haleine avant de porter de nouveaux coups. Répit dans la lutte. Fouché triomphait. Les poignards tombés des mains, les pamphlets prirent leur vol. De Londres, ils s'abattirent sur

---

1. « Pichegru a été arrêté aujourd'hui à trois heures du matin, rue de Chabanais. Il changeait, depuis quelques jours, souvent de logis. Six gendarmes d'élite et un agent de police entrèrent si brusquement dans sa chambre qu'il n'eut pas le temps de faire usage des pistolets ni du poignard placés sur sa table de nuit. Il a boxé un quart d'heure avec les gendarmes. » *Moniteur*, 9 ventôse an XII.

2. Le *Mémorial de Sainte-Hélène*, t. II, p. 372.

Paris, d'une violence inouïe, conviant à l'assassinat de Bonaparte, répandant l'outrage sur la famille du Consul et déclarant que « tuer n'est pas assassiner ». Pitt éclaboussait de cette boue le gouvernement qui lui tenait tête. Réponse au camp de Boulogne de 1803. Toutes les feuilles publiques prenaient part au combat. *The Bel Messenger* et *The Argus or London review's in Paris*, journaux anglais paraissant à Paris et soutenus par le premier Consul, ainsi qu'en témoigne une lettre[1] de l'éditeur-rédacteur, L. Goldsmith, en date du 7 ventôse, à Talleyrand[2], s'engagèrent dans la bagarre. Ainsi s'avivait cette haine contre l'Angleterre qui, par Pitt, lançait sur la France révolutionnaire les foudres de sa vengeance. Le traité d'Amiens, déjà virtuellement rompu en 1803, se lacérait de chaque côté de la Manche. Pitt payait la conspiration, Bonaparte soudoyait la presse. Ainsi s'était engagé et se continuait ce duel politique que la mort de William Pitt ne devait pas interrompre, et qui, légué au cabinet de Saint-James, allait se poursuivre sur le continent.

En France, la politique de Bonaparte, si solidement appuyée sur le Code civil sorti de l'arrêté du 24 thermidor an VIII[3], préparait lentement

---

1. Bibliothèque municipale de Nantes, coll. Labouchère, vol. 659, pièce 108.

2. Alors ministre des relations extérieures.

3. Le décret du 24 thermidor an VIII, rendu au septième moi du Consulat, nommait une Commission de quatre jurisconsultes, Tronchet, Portalis, Bigot de Préameneu, Malleville, chargée de rédiger et de préparer au gouvernement un projet de Code civil.

ce gouvernement monarchique, absolu « d'une oppression pratique, chef-d'œuvre de tyrannie[1] ». Ceci est incontestable: la révolution que Bonaparte canalisait n'avait pas désarmé. Elle vivait dans cette troupe errante de conventionnels échappés à la tourmente et exceptés de la domesticité dorée où le premier Consul avait enveloppé un Cambacérès, un Fouché, régicides presque repentis déjà et qui devaient attendre 1815 pour faire leur *mea culpa* public et expiatoire. L'âme jacobine n'était point morte tout à fait et le mot *tyrannie* qui avait fait tomber

SIGNATURE DE BONAPARTE, PREMIER CONSUL.

Robespierre comme Louis XVI, allait désormais s'attacher, chez les irréductibles, au nom de Bonaparte dont ils oubliaient les gages donnés en vendémiaire. Eléments d'une opposition que Napoléon ne ralliera jamais, leur silence hautain condamnera de 1801 à 1815 la fortune heureuse, l'audace et la force de César. Minorité sans doute, mais minorité éloquente, car elle résista à l'appât des places, des cordons, des pensions, des croix, des titres. Protestation des isolés, révolte pacifique de la Révolution désarmée le 28 floréal. Une nouvelle révolution

1. Le conventionnel J. P. Picqué, l'*Hermite des Pyrénées.*

politique était accomplie; Poncelet n'hésite pas à le reconnaître: « Ce qu'on a appelé *codification* dans les temps modernes est une des entreprises qu'il faut des siècles avant de pouvoir réaliser, et qui souvent même ne peut être mise à exécution qu'autant qu'une révolution politique a aplani les obstacles qui s'opposaient à la réussite de ce projet[1]. »

Le tronc révolutionnaire échenillé, débarrassé de ses parasites, allait retrouver toute sa force, toute sa verdeur. Impitoyablement, mais avec une méthode prudente, le premier Consul avait dépouillé l'arbre de 93 de ce qui arrêtait la sève au cœur. Modifications apportées quelquefois au détriment du principe; de là l'opposition des derniers Montagnards, non encore embrigadés dans la cour consulaire ou pourvus d'un siège au Sénat. Volontés éparses qu'allait submerger l'Empire au lendemain de son premier triomphe sur la faction de l'étranger.

1. Préface des *Motifs, Rapports et Opinions des auteurs qui ont coopéré à la rédaction du Code civil.*

II

Floréal

Une charmante estampe de 1804 nous montre
la promenade de Longchamp à la veille de l'Empire. On y voit des élégants en immense bicorne
chevaucher des chevaux alezans; des cabriolets
conduits par des cochers majestueux et raides,
signes évidents d'un régime aristocratique qui
revient en faveur; des guerriers aux colbaks im-
menses; des merveilleuses en fourreaux de velours cannelé gros jaune, en chignon à la grecque; des agioteurs au ventre important; des
jeunes gens aux flexibles badines et à hautes
cravates; une foule bigarrée, indolente, qui se
prélasse sous la maigre verdure des arbres.
Amalgame de cette société de l'ancien régime,
qui s'éteint, et de cette foule née d'hier qui
commence à régner sur les débris des fortunes
dispersées par la Révolution. On dirait que la
nuance des soies enveloppant les élégantes, re-
flète l'époque. C'est la teinte *vert d'Egypte*, qui
rappelle la campagne de l'an VI; le ponceau

qui fait souvenir de l'expédition de Syrie; le
bleu mourant, cher aux aristocrates; le gris de
lin qui fait fureur parmi les muscadines; les
modes de la Terreur, longtemps honnies, re-
paraissent. On se coiffe à la Titus avec frisures
sur le front et boucles sur les tempes; les rou-
leaux à l'Agrippine et à l'Anadyomène ornent de
frais visages. Le Consulat, emprunté à la Rome
antique, met à la mode les robes transparentes
qui dénudèrent si merveilleusement Thérézia Cabarrus, la Notre-Dame-de-Thermidor de Tallien,
et ci-devant marquise de Fontenay. De minces
bandelettes attachent aux épaules les gazes lamées d'or et d'argent; de petits scarabées d'un
vert de jade pendent sur des gorges palpitantes,
souvenirs du Caire où Kléber tomba. Sur de
molles ceintures, haut nouées, reposent les seins
un peu lourds. La mode officielle exige aux
réceptions des Tuileries les robes à la grecque.

La « jeunesse dorée » du Directoire inaugure
des carricks à l'anglaise et fait sensation au
Carré Marigny. Le Palais-Royal est resté en
ces jours ce qu'il était en 93. Les maisons de jeu
sont toujours ouvertes comme autrefois. On joue
aux numéros 14, 18, 26, 29, 33, 36, 40, 41, 50, 55,
65, publiquement ou secrètement; on se fait dé-
pouiller par les ruffians embusqués derrière
les tapis verts des numéros 80, 101, 118, 121, 123,
127, 145, 167, 190, 191, 192, 193, 200; la roulette
— jeu nouveau — fonctionne; on perd des fortunes aux numéros 201, 203, 209, 210, 232, 233 et

256[1]; comme au temps de l'abbé Fauchet on y vend « le double venin des âmes et des corps[2] »; les « caracos simples et les cheveux noués avec un ruban bleu » des reines publiques

LE MÉCANICIEN DE LA VICTOIRE.
(Estampe de l'époque.)

de la Terreur, la Paysanne, Papillon, Georgette, Thevenin, Fanchon, la blonde Elancée, la Chevalier, fille du bourreau de Dijon; la mulâtresse Bersi ont fait place au *fez à la sultane,* aux *plumes des Incas* des nouvelles occupantes qui, le

1. *Liste des maisons de jeu, académies, tripots. — Dénonciation faite au public sur les dangers du jeu.*
2. L'abbé Fauchet, *la Religion nationale.*

soir[1], au nombre de six mille, rivalisent d'élégance dans leur mise[2] et remplissent les Galeries de Bois d'un bruit de volière jacassante. Les guerriers revenus des plaines lombardes et des déserts syriaques y traînent leurs sabres sonores; l'or des uniformes un peu fanés brille sous les lampes fumeuses; les conscrits de toutes les levées se retrouvent ici, les uns pour l'amour, les autres pour le jeu.

A quelques pas de là, au Théâtre-Français, on joue[3] *Guillaume le Conquérant*[4], un drame bien naïf en cinq actes d'Alexandre Duval, écrit sur commande et interdit le lendemain de la première représentation; la gloire de Talma, encore enflammée des éclats de l'*Hamlet* de Ducis, grandit, favorisée par l'amitié du premier Consul; la vie publique et privée, politique et guerrière, semble emprunter au théâtre la pompe grandiloquente des tragédies. De la Révolution, il est resté ceci : le goût de l'héroïsme, du sublime, du valeureux. Bonaparte c'est Achille. Sur des images populaires, il apparaît campé, la lance guerrière à la main, dans un char de triomphe romain, en toge. Il ne manque à son front que le laurier des imperators. Mais voici le sénatus-consulte et les légères feuilles

1. *Almanach des adresses des demoiselles de Paris de tout genre et de toutes les classes ou Calendrier du plaisir* (*A. Paphos*).

2. *Relation du sacre de Napoléon*, par l'abbé Cancellieri.

3. 14 pluviôse, an XII.

4. *Guillaume le Conquérant*, drame historique en cinq actes, avec préface, par M. Alexandre Duval (*Œuvres complètes*, 1822, Paris).

du diadème impérial se tressent aux tempes du
« génie protecteur de la France[1] ». Jusqu'au bout
on a été logique avec le plagiat de la Rome
antique. Au Consulat a succédé l'Empire. On
n'attendra pas Austerlitz pour décerner au nouveau César les honneurs du triomphe et pour
saluer Maria-Letizia Ramolino du titre de Son
Altesse Impériale Madame Mère, comme la Pop-
pée triomphale debout au seuil d'airain et de
marbre des *Annales* de Tacite.

Paris, qui, au Consulat à temps avait vu, le
4 août 1802, succéder le Consulat à vie, accueillit le sénatus-consulte du 28 floréal sans surprise. Ainsi qu'en un programme de spectacle,
ceci était depuis longtemps prévu. Une touchante
et significative unanimité faisait se rencontrer,
sur ce terrain, le bourgeois, l'homme politique,
le courtisan, le républicain et le poète. Mme
Fanny Beauharnais ne s'était-elle pas déjà écriée
avec transport :

> Toujours mon sexe adora les héros ;
>
> . . . .
>
> Pourquoi, sans nulle politesse,
> Nous priver de l'honneur de donner notre voix
> A celui qui causa la commune allégresse,
> Qui nous créa de sages lois,
> Et qui jeune égala, par de nobles exploits,
> Les plus fiers conquérans de Rome et de la Grèce[2] ?

1. *Manuel du voyageur à Paris*, par P. Villiers, ancien capitaine de dragons.

2. *A Bonaparte au moment où le peuple votait sur cette question : Napoléon sera-t-il consul à vie ?* par Mme Fanny Beauharnais.

Lorsque, le 30 avril, Curée demanda au Tribunat le titre d'empereur pour Napoléon et l'hérédité impériale pour sa famille, il ne se trouva qu'une seule voix pour protester, qu'une seule voix pour s'élever contre cet escamotage de la République révolutionnaire: celle de Carnot[1], celui qui, du fond des bureaux du Comité du Salut Public avait *organisé* la victoire. Surprise extrême! Alors que Murat, qui en 1793 se faisait appeler Marat et prétendait être parent de l'Ami du peuple, s'était rallié à Bonaparte, alors que Fouché dirigeait sa police et que Cambacérès se faisait le *héraut d'armes* du vainqueur du parvis Saint-Roch, alors que les régicides de 93 tâchaient à faire oublier leurs votes de la Convention, lui seul se refusait à signer le registre d'adhésion? On ne pouvait que passer outre, et cette voix solitaire du conventionnel stoïque, irréductible, fut étouffée dans l'énorme clameur des jacobins repentants. Carnot resté rigide, l'homme du salut public, de la patrie en danger, ne pouvait concevoir la République sous un aspect autre que celui qu'elle revêtait à la veille de la Terreur. Il restait, avec quelques isolés pour qui la route de l'exil allait s'ouvrir, le dernier grand Jacobin, et refusant de mettre son nom sur la page blanche, il affirmait sa volonté de se retrancher de la communion impériale qui allait établir le sénatus-consulte du 28 floréal suivant.

1. Il avait été appelé au Tribunat le 9 mars 1802.

Il voyait se réaliser aujourd'hui ce que Bernadotte à l'armée d'Italie avait prévu :

— Je viens de voir un homme de vingt-six à vingt-sept ans, qui veut avoir l'air d'en avoir cinquante, et cela ne présage rien de bon pour la République.

Qu'y avait-il donc de changé? Napoléon et Carnot n'étaient pas d'accord sur les mots. Des mots mal entendus viennent les plus durables des grandes querelles. La République n'était-ce point l'aboutissement logique de l'incohérence monarchique? Et l'incohérence révolutionnaire ne devait-elle pas trouver son terme dans l'Empire? Il est hors de doute que Napoléon en ce moment-là était sincère. Chez lui l'autocrate de 1808 ne s'éveillait pas encore, et en 1804 Carnot se trompait. Seul à protester, il était seul — ou presque — à se tromper. On en trouve la preuve dans la haine de Pitt qui, en Bonaparte, visait surtout la Révolution triomphante, qui détestait en lui le champion du Jacobinisme. Cela est si vrai que Chateaubriand lui-même a pu écrire dans les *Mémoires d'outre-tombe* que Bonaparte était le « continuateur des succès de la République », tandis qu'après lui, M. Frédéric Masson, dont la critique sévère et exacte ne laisse rien à dire après elle, considère en lui « l'unique soldat de la République démocratique unitaire[1] ». Carnot s'était donc attaché aux mots, sans vouloir pénétrer le sens exact de cette po-

1. Frédéric Masson, *Joséphine de Beauharnais*, p. 14.

litique de Bonaparte en oubliant même les termes de la Constitution qui le pouvaient cependant satisfaire: « Le gouvernement de la République est confié à un empereur. »

Ce ne fut qu'en 1815, appelé, pendant les Cent-Jours, au ministère de l'Intérieur, que ce malentendu se dissipa entre le tacticien de la Révolution et le tacticien de l'Empire.

Proclamé le 28 floréal, le sénatus-consulte du Sénat conservateur et du Corps législatif affirmait l'hérédité de la couronne impériale tout en excluant Lucien et Jérôme pour cause de mésalliance.

Le mariage de Lucien avec Mme Jouberthon[1] avait été la cause de la brouille entre le futur prince de Canino et Napoléon. Le rapprochement entre les deux frères ne devait jamais avoir lieu formellement, la « veuve d'un banqueroutier[2] » constituant une tare indéfectible aux yeux de celui qui s'était donné le droit de marier ses sœurs et ses frères à son gré. Le motif d'animosité contre Jérôme était pareil. La famille impériale ne pouvait admettre dans son sein cette demoiselle Paterson, *la belle de Baltimore*, fille d'un marchand. Ce sont là, parmi les Napoléonides, les premiers symptômes de ces mésintelligences dont quelques-unes, plus tard, devien-

1. «Son mariage avec Mlle Jouberthon n'avait rien d'abord qui fût contre l'honneur, seul motif pour lequel il ne doit y avoir aucun pardon. » (*Mémoires de la duchesse d'Abrantès.*)

2. Lettre du cardinal Fesch à Lucien Bonaparte; Milan, 25 mai 1805.

dront aiguës et feront que Murat, qui doit tout à l'Empereur, se liguera contre lui avec l'Autriche.

Le jour même de ce sénatus-consulte, le Sénat alla en faire part à Bonaparte à Saint-Cloud.

A travers le paysage charmant de l'Ile-de-France où floréal suspendait ses vertes guirlandes, les carrosses trottèrent, précédés de celui de l'archichancelier. A l'empire né ce jour et dont ils portaient au soldat choyé de la fortune l'heureuse nouvelle, souriait la jeune nature avec ses frondaisons étagées contre le ciel doux, avec ses eaux vives coupant la verdure des côteaux escaladés par les vignes.

Ce jour marqua pour Cambacérès une date dont plus tard, dans son exil de Bruxelles, il se souvint. C'est dans ce discours du 28 floréal que, lui, qui avait voté la mort du « tyran Capet », donna à Bonaparte pour la première fois le titre de *Majesté*. Ayant appelé la Révolution « une épreuve courte et pénible du système contraire » (la monarchie), ne se souvenait-il pas avoir déclaré après le quatrième appel nominal dans le procès de Louis XVI: « Citoyens, en prononçant la mort du dernier roi des Français, vous avez fait un acte dont la mémoire ne passera point et qui sera gravé par le burin de l'immortalité dans les fastes des nations? » Etonnant chef-d'œuvre d'habileté et de souplesse que ce discours du 28 floréal! L'ancien magistrat, retors, prudent, y apparaît. Il n'exagère pas aux

yeux de Bonaparte l'honneur de son nouveau titre, il l'appelle « une dénomination plus impor-
tante ». Il glisse sur l'histoire vivante encore
de 93, il se félicite de voir le peuple, ce peuple
du 14 juillet et du 10 août, rentrer par une « dé-
libération libre et réfléchie dans un sentier con-
forme à son génie. »

Et voici donc la différence entre un Cambacérès et un Carnot. Ce dernier se révolte, parce
qu'il croit la République confisquée, étranglée,
morte. Le premier s'en félicite et souscrit au
sénatus-consulte à cause de cela même. C'est
pourquoi il ne lui en coûtera rien de demander
plus tard aux Bourbons l'oubli et le pardon de
son vote régicide de 93. Avec beaucoup d'autres
Cambacérès a l'excuse de la fatigue; à cause
d'elle, on peut diminuer l'incohérence de ses
opinions. La Révolution, avec son labeur
inouï [1], sa fièvre jamais calmée, épuisa un grand
grand nombre de ceux qui lui survécurent. Maximilien de Robespierre n'a-t-il pas été précipité
parce que dans un moment de fatigue, d'énorme
et accablante lassitude, il a renoncé à cette haute
et froide volonté qui guida, développa la Terreur
et l'aurait domptée? Saint-Just est mort pour
n'avoir pas osé marcher sur la crapule ther-
midorienne et cette belle et jeune tête est tombée
parce que la bouche resta muette et ne con-

---

1. L'Assemblée constituante rendit 2 557 lois, l'Assemblée législative 1 227 et la Convention nationale 11 210! En six ans, le chiffre
énorme de 14 994 lois!

LA [PROMENADE DE LONGCHAMP EN L'AN X.

D'après une gravure de l'époque.)

via pas les sections de Paris à la défense de la République que Maximilien incarnait. Plus heureux que les Girondins, les Dantonistes, les Hébertistes et les Robespierristes, les Conventionnels ralliés à l'Empire, après avoir sauvé leur tête, établirent leur fortune. Etablissement rapide, louche, qui permit à Fouché d'acheter le domaine princier de Ferrières, à Barras de régner à Grosbois, et à Tallien de se payer la fille Cabarrus.

Cambacérès eut sa part, et de cette part il voulut jouir. De là sa soumission à l'homme dont il avait jadis signé la destitution de général[1], de là l'habileté toute procédurière de son discours. Comme le Sénat, dont il était l'archichancelier, il voulait rester conservateur, et par là il sous-entendait aussi : conserver ses biens. Un Carnot seul aurait pu l'en blâmer; mais Carnot, après sa violente protestation au Tribunat, était rentré dans l'obscurité et la médiocrité d'une humble vie privée.

Au discours de Cambacérès, Napoléon répondit:

— Je soumets à la sanction du peuple la loi de l'hérédité, et il s'en fut baiser la main de la créole devenue impératrice, en lui disant:

[1]. « Le 29 fructidor an II de la République française, une et indivisible.

« Le Comité du Salut Public, arrête que le général Bonaparte sera rayé de la liste des officiers généraux employés, attendu son refus de se rendre au poste qui lui a été assigné. La neuvième Commission est chargée de l'exécution du présent arrêté. »

« *Signé :* Letourneur (de la Manche); Merlin (de Douai)· R. Berlier; Boissy, Cambacérès, président.

« *Pour copie* : A. Pille. »

— Je m'estime heureux, Madame, d'être le premier de vos sujets qui vienne déposer à vos pieds mon respect et ma fidélité.

Toutes les tristesses de la vie de Joséphine ont été rachetées par ce grand instant d'éblouissement. Douze ans à peine se sont écoulés depuis le jour de nivôse de l'an II où elle a écrit à Vadier une lettre où figurent ces mots : « Je t'écris avec franchise, en sans-culotte montagnarde... » Du destin obscur que lui promettait le beau Directeur, ce Barras en disgrâce aujourd'hui, elle est montée au sort glorieux qui lui réserva un trône. La madame Bonaparte de 1802 est effacée par la Joséphine de 1804, celle qu'on chante dans les couplets des pièces de circonstance :

> Chantons ce triomphe nouveau,
> Qu'à nos succès tout appaudisse,
> Combien ce jour doit être beau
> Pour notre auguste impératrice !
> Le nom de « Grand » à son époux
> Est donné par la renommée,
> Et Joséphine est pour nous tous
> Joséphine la Bien-Aimée [1] !

Et un matin, à Paris, on verra cette étrange cérémonie. Aux neuf coups tombés des horloges du Sénat, un cortège sort du palais, escorté de cavaliers, de timbaliers et de sonneurs de trompettes. Parmi l'escorte, entouré du chef

---

1. Divertissement en prose et vaudeville, représenté à Strasbourg (auteur anonyme).

gouverneur de Paris, de l'inspecteur général de
la gendarmerie, du préfet de la Seine, du préfet
de police, du président du Corps législatif, du
président du Tribunat, des douze maires des
arrondissements, des généraux de division, des
généraux de brigade et de tous les officiers su-
périeurs en résidence à Paris, parade, hautain,
la lèvre rase, Cambacérès. Le cortège trotte par
les rues matinales; la foule s'amasse; on s'arrête. Les trompettes sonnent, les timbales retentissent. Un religieux silence pèse sur les têtes
découvertes et dans ce silence une voix claire
et nette lit le sénatus-consulte proclamant Napoléon Bonaparte empereur des Français. Et
le cortège chamarré se remet en marche, proclamant, plus loin, par la voix de l'archichancelier faisant fonctions de héraut d'armes, l'avènement du Corse, « à son de trompe comme
un marchand de vulnéraire » insinue Mme d'A-
brantès qui ne se retient jamais de faire de l'esprit, fût-il inoffensif. Ceci cependant ne l'empê-
chera pas de s'écrier un peu plus loin : « Celui
qui, aujourd'hui, ose dire qu'alors Napoléon ne
fut pas nommé par la nation entière, *ment à sa
conscience*. Oui, il le fut sur ce trône, que depuis
on eut l'indignité de dire qu'il avait usurpé. Il y
fut porté par les bras de la France elle-même. »
Et elle parlera encore « des cris d'amour qui
s'élançaient au ciel dès qu'il paraissait, soit dans
une promenade, soit au spectacle [1] ». Certes on

---

1. *Mémoires de la duchesse d'Abrantès.*

ne peut la taxer d'exagération, quoique M. Victorien Sardou conteste, sans preuves d'ailleurs, l'enthousiasme des départements [1]. Les registres ouverts dans les communes de la France donnèrent ces résultats :

Pour l'Empire	3 572 329 voix.
Contre l'Empire	2 569 voix.

Chiffres dont l'éloquence ne nécessite pas d'être soulignée [2].

Ralliant à son trône ceux qui avaient joué les grands rôles dans la tragédie révolutionnaire, Napoléon, par un effet bizarre des choses, fut acclamé en même temps par ceux-là mêmes qui avaient le plus souffert des événements de 1789 et de 1793. C'est qu'on acclamait en lui le *sauveur*, le soldat qui avait à Saint-Cloud chassé les *avocats*. Il promettait la prospérité aux boutiquiers ruinés par le *maximum*, la paix aux proscrits, le retour aux déportés, la fortune aux intrigants, un peu de sa gloire à tous ceux qui dans la pourpre de son manteau voulaient masquer le sang des louches besognes du passé. Bonaparte appelait à lui la France nouvelle, ré-

1. Victorien Sardou, préface de la *Chouannerie normande au temps de l'Empire. Tournebut, 1804-1809*, par G. Lenôtre.

2. Parmi ces 3 572 329 *oui*, on peut signaler les 450 000 voix des officiers et soldats. Sur les 2 569 *non*, on n'en compta que 70 à Paris.

3 575 0˙0 *oui*, dit la duchesse d'Abrantès (*Mémoires*) 3 574 898 oui, 2 369 *non*, rectifie M. Theiner, préfet des Archives du Vatican (*Histoire des deux Concordats de la République française et de la République cisalpine*, 1869).

générée par la Terreur, la France du labeur, la
France de l'action, et, par une de ces particu-
larités anormales, il exilait ou oubliait dans
son appel, la France de la pensée, à l'heure
même où dans Paris, une petite fille nouvelle-
ment née, poussait son premier cri, dans les
bras d'un M. Dupin qui la baptisait à l'aube
levante de l'Empire, du nom d'Aurore.

III

Le Masque

S'il apparaît superflu de s'arrêter après Constant, Bourrienne, Mme de Rémusat, la duchesse d'Abrantès et tant d'autres, à la vie privée de l'Empereur, cette vie privée déjà devenue publique de son règne, il n'est peut-être pas inutile de fixer en quelques lignes le masque que revêt en 1804, Bonaparte et que, sauf quelques changements de peu d'apparence, il conservera jusqu'au jour où sa grande ombre s'enfonce vers les Tropiques.

Kotzebue, qui vit l'Empereur, a écrit des portraits qu'il compara : « J'ai vu bien des portraits de Bonaparte ; en détail, ils lui ressemblaient peut-être, mais aucun n'était *lui* ; seules, les pièces d'or ou d'argent, frappées à son effigie, rendent l'impression qu'il a faite sur moi. » Jusqu'en 1804, on a connu plusieurs masques de Bonaparte, masques mobiles, changeants, que l'imagerie populaire fixa. Le maigre officier logé à l'hôtel de Cherbourg et rue de la Michodière plaît à l'imagination. On sourit volontiers à cette image pauvre, où il se dresse, efflanqué, les cheveux longs, l'habit rapé, le sabre absent — car il est mis en gage — les bottes éculées. La sentimentalité a une large part dans le plaisir qu'on éprouve à considérer ainsi, sous son pitoyable aspect, celui qui aura l'Europe à ses pieds et les rois dans son antichambre. Il a le visage jaune, un peu creusé. Cette teinte jaune après avoir disparu pendant l'éclatante période qui de 1805 va à 1811, reparaîtra au déclin de Napoléon. Les contemporains parleront de la « graisse jaune de son visage bouffi ». Tel il apparaîtra à Lutzen, tel on le verra dans les plaines boueuses de Waterloo.

Après vendémiaire, autre image. Son cheval caracole dans les rues, où son canon a imposé la paix et dompté la rébellion royaliste. Il boutonnera très haut sa redingote bleue à large col rouge rabattu, et sur ce col et les revers de l'habit, on lui brodera des feuilles de chêne en or, vite ternies au soleil de l'Italie. Coiffé à *l'oreille de chien* sous un grand chapeau à plumet démesuré, avec sa ceinture tricolore à franges d'or et ses gants à crispins noirs, il évoque la silhouette d'un représentant du peuple en mission aux armées. Peut-être copie-t-il le jeune Robespierre rencontré à Nice? Avec ses bottes courtes à revers jaunes, nous le voyons

NAPOLÉON BONAPARTE

P.ᵉʳ CONSUL DE FRANCE.

Philosophe profond, invincible Guerrier,
L'Olive sur son front embellit le Laurier.

dressé sur les étriers de sa cavale au passage du Saint-Bernard, enveloppé dans le mouvant tourbillon de son manteau rouge, campé par David en face de l'histoire. Sur la montagne neigeuse, le bras tendu, à cheval, il semble dominer les temps. Au fond de l'horizon il fait reculer un invisible ennemi. Pourtant il est petit, trapu, « taille de 4 pieds, 10 pouces, 10 lignes [1] », a-t-on dit de lui à Brienne. Plus tard, Constant, son valet de chambre, notera, à la veille du sacre : « 5 pieds, 2 pouces. » Il a grandi, son masque s'est modifié une fois encore. A confronter quelques-uns des milliers de tableaux qui le représentent et qu'on possède aujourd'hui, on hésite. Chacun d'eux est Bonaparte et aucun d'eux n'est Napoléon. Etranges contradictions sur une physionomie, vulgaire au début, mais bientôt sévère, majestueuse, imposante au jour où le masque romain s'est fixé.

Que ce soit le premier consul, en costume de membre de l'Institut, d'Isabey [2] ; le profil par Renaud [3] ; le général en costume rouge passant la revue des grenadiers de la garde consulaire, de Gros, et que les Gobelins exécutèrent en tapisserie ; que ce soient sur divers portraits par David, Prudhon, Gauci, Appiani ou Girodet [4],

---

1. Note du chevalier de Kéralio, inspecteur des douze écoles militaires, à M. le maréchal de Ségur, ministre de la guerre.
2. Collection de M. Michel Heine.
3. Collection de M. Bernard Franck.
4. Collection de M. le duc de Bassano.

son profil à la sépia par Lemoine[1], le consul
de l'an XI, de Gros[2], celui du lieutenant d'artillerie à Valence en 1789, de Greuze[3], dans chacun d'eux vivent les mêmes yeux, mais se crispe
un autre masque. Ce masque devant tant d'ar-
tistes s'est-il cherché? Bonaparte consul a-t-il
imposé ce masque à Napoléon empereur? Cependant, dès le sacre, il n'a presque plus varié.
Ces contradictions physiques signalées par
Kotzebue disparaissent. Il reste et demeure sem-
blable à lui-même, à l'effigie romaine sculptée
par Canova, peinte par David dans le tableau du
Couronnement.

La tête osseuse du général de vendémiaire s'ar-
rondit, devient très forte[4] chez l'Empereur. Elle
se dresse sur un cou court, étroit. La silhouette
acquiert quelque chose de massif. La pourpre
semée d'abeilles lui donne la majesté césarienne.
La majesté n'est que là, à l'instant où, le sceptre
à la main, il symbolise l'Empire qu'il a res-
tauré. Il se veut grand, imposant, impérial. Et
sa volonté triomphe du désavantage physique.
Mais il apparaît austère, rude, militaire enfin,
quand il accompagne ses armées dans les terres
ennemies. Par là, il donne à son règne un caractère nouveau, inconnu. Ses soldats le voient
chevaucher, partager leurs fatigues, spectacle

---

1. Collection de M. Petit.
2. Collection de M. le duc de Mouchy.
3. Collection de MM. le marquis et le comte de Las Cases.
4. *« 22 pouces de circonférence »*, dit le valet de chambre Constant.

inconnu aux enrôlés de la monarchie. La grandeur ne le retient pas au rivage. C'est l'empereur-soldat. Il redevient peuple parmi les hommes qui lui assurent la gloire et le triomphe.

Cette vie errante, de marches, de rencontres, de bivouacs et de batailles, le déshabitue des salons où il a peu fréquenté d'ailleurs. Ce n'est certes pas chez la Montansier, au Palais-Egalité, qu'il apprit les belles manières. Il les ignora ou feignit de les ignorer, toujours. « Bonaparte manque d'éducation et de formes[1] », dit Mme de Rémusat. On peut l'en croire. Quoi de plus naturel? Il s'est improvisé empereur. Soit. Mais on ne s'improvise pas professeur de belles manières. Fiévée, plus tard, confessera à son tour: « L'éducation de Bonaparte avait été manquée sous beaucoup de rapports, il le savait[2]. » Il le savait? S'en est-il caché? Soldat, il ne veut se souvenir que de cela. « Consul, empereur, je tiens tout du peuple! » s'écriera-t-il. Et que nous importe que lui aussi donne raison à la sentence de Mme de Genlis: « Les rois n'ont aucun usage du monde? » Il est brusque, rude, violent, autoritaire. Lui a-t-on reproché d'être cruel? Non, que je sache, et exception faite des libelles venus d'Angleterre. Il admire Corneille et Racine; il sait que dans *Iphigénie*, aux mots d'Agamemnon:

Vous êtes dans un camp...

---

1. *Mémoires de Mme de Rémusat*, t. I, p. 104.
2. *Renseignements sur la correspondance de M. Fiévée avec Bonaparte consul et empereur* (28 nov. 1835).

Clytemnestre répond avec majesté :

Dans quel palais superbe et plein de ma grandeur
Puis-je jamais paraître avec plus de splendeur ?

De toutes les attitudes léguées par Napoléon à l'Histoire, n'est-ce-point celle-là, au milieu des armées, où il le faut admirer ? Simple, sombre dans son uniforme discret, il trotte au long des régiments ; la cavale arrêtée, il les regarde défiler devant lui dans la boue des chemins de Prusse, dans la neige des bivouacs de Moravie. Poupart « chapelier, costumier et passementier de l'Empereur et des princes » lui fournit à 148 francs ces chapeaux français.

...Orbe à demi monté de quelque obscur soleil.

Il est de feutre noir, sans ornements, à coiffe intérieure de soie verte. De 1805 à 1815 l'Europe coalisée a vu monter cet « obscur soleil » aux quatre horizons des vieilles monarchies chancelantes. De ses bottes à l'écuyère, molles, doublées de peluche ou de soie, et qui coûtent de 80 à 120 francs, il bat les flancs de sa bête paisible, harnachée d'une selle à chabraque rouge, ornée de galons d'or. Bientôt il la délaissera pour prendre, à l'exemple des anciens rois qu'il rejoint dans l'Histoire, le tapis carré en velours rouge avec les crépines d'or, blasonné aux quatre coins des aigles impériales et des abeilles diligentes. Hardi et mauvais cavalier, il s'impatiente en selle et serre dans un mouchoir les rênes qu'il abandonne. Rêveur quelquefois, il se ronge les ongles de ses admirables mains[1], puis lance son cheval au galop sans souci des fondrières.

Souvent, avec Savary, devenu son confident[2], chargé de besognes secrètes, il se promène. On l'entend fredonner sa chanson favorite :

> S'il est un temps pour la folie
> Il en est un pour la raison !...

Dans ces promenades, il met la redingote grise que pour la première fois il a revêtu au camp de Boulogne, un jour de grand vent et de pluie glaciale. Chevalier, le tailleur de la maison impériale, les lui taille larges, ces redingotes familières et commodes. Il en fait monter très haut les cols rabattus et permet aux manches élargies aux épaules de supporter les épaulettes. Le drap est de Louviers, solide, résistant. Chevalier les fournit jusqu'en 1815, au prix de 190 francs. Quand, au clocher de Notre-Dame, s'abattirent les aigles revenues, Lejeune taille les mêmes redingotes pour 100 francs. C'est cette silhouette-là que tous les champs de bataille de l'Empire virent immobile devant leurs mêlées, sur un de ces beaux chevaux aux noms fameux, gris pommelés, blancs, truités ou cendrés, le

---

1. *Mémoires de Constant,* premier valet de chambre de l'Empereur.

2. « Le colonel Savary était devenu un des habitués de Bonaparte. Pourquoi ? Parce qu'il avait vu le premier consul pleurer à Marengo. » (Chateaubriand, *Mémoires d'outre-tombe*)

Vizir, le *Wagram*, le *Aly*, le *Tamerlan*, le *Tournebride* [1], la *Styrie*, le *Conquérant*, le *Timide*, le *Soliman*, l'*Artaxerce*, l'*Euphrate*, le *Roitelet* en 1814, et à Waterloo, *Marengo* — Marengo! C'est cette silhouette-là qu'acclament du *Ave, Imperator, morituri te salutant*, les hussards aux grands dolmans, aux pelisses volantes, aux culottes à la hongroise; les chasseurs verts et amarante; les voltigeurs aux shakos évasés enguirlandés de tresses blanches; les chevau-légers-lanciers verts aux plastrons multicolores; les cuirassiers au court habit bleu impérial à collet, aux casques d'acier à cimier de cuivre où de vastes crinières flottent au vent de leur galop; les carabiniers géants bardés d'or et aux chenilles rouges; les dragons aux habits verts et aux plumets rouges; les grenadiers aux aiguillettes jaunes, aux grands bonnets d'ours; les lanciers aux kurkas rouges à plastrons bleus, aux plumets démesurés; les chasseurs aux dolmans verts; les tambours-majors monumentaux; les hommes gigantesques des compagnies d'élite, et les larges aigles d'or, les ailes ouvertes, vivantes, flamboyantes au haut de leurs hampes dressées.

Toutes les musiques, de leurs tonnerres de cuivre, ont acclamé cette silhouette grise, perdue sur l'horizon lointain: le *Chant du départ*, *Veillons au Salut de l'Empire*, le *Salut à l'Étendard des Guides*, la *Marche des Grenadiers impé-*

1. Ces cinq premiers, peints par Horace Vernet (Collection de M. le duc de Vicence).

riaux, le *Régiment de Sambre-et-Meuse,* et enfin, aux heures sinistres de l'invasion, surgie grondante du linceul ensanglanté de 93, l'énorme, épique et formidable *Marseillaise* qui commandait avec les généraux révolutionnaires, lançait les armées au delà du Rhin, enfonçait les portes des forteresses, et, trépidante, échevelée, fumeuse, boueuse et triomphante, faisait passer les armées de la République sur le ventre des « suppôts de la tyrannie ».

Dans l'ivresse de toutes ces gloires guerrières, il faut remarquer Napoléon, mieux que dans l'apparat du Louvre au jour du sacre. Là il apparaît comme le chef de la démocratie, il symbolise la République délivrée de ses erreurs, consciente enfin de son rôle dans l'Europe ennemie. Par Napoléon, le peuple participe à la gloire de son propre triomphe, et les morts couchés dans les ravins de l'Autriche, dans les moissons mûres de Wagram, sur les rocs de la Péninsule, dans les neiges moscovites mêlent à la poussière des terres étrangères des cendres jacobines affranchies et libres.

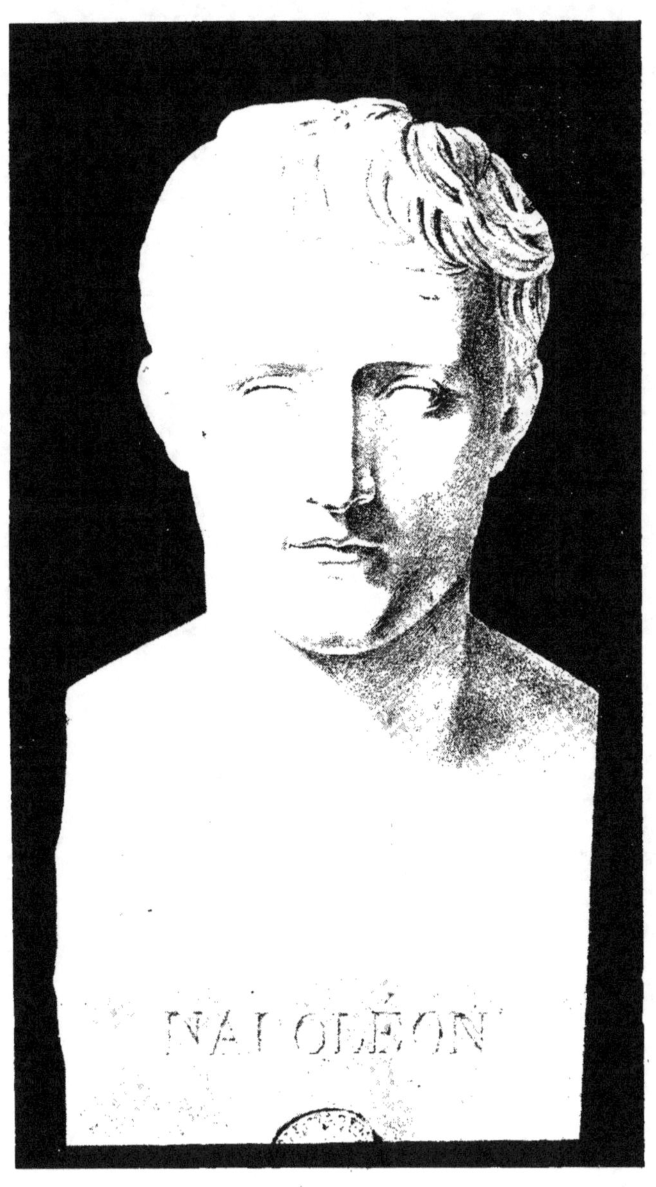

MARBRE DE CHAUDET.

Musée du Louvre.

IV

La Grande Promotion

Il est dans la vie de Bonaparte, dix, que dis-je, cent occasions, où il s'affirme, non seulement par des paroles, mais encore par des actes, l'élu du peuple, l'empereur de la démocratie victorieuse. Elevé au trône par de rudes mains calleuses, il sait témoigner sa reconnaissance aux artisans de sa gloire et il place un postillon sur le trône de Suède et un fils de cabaretier sur celui de Naples. Le jour de la proclamation du sénatus-consulte organique de l'Empire, il en donne une première preuve éclatante et ce que Louis XIV et Louis XVI n'avaient osé faire sous une monarchie absolue, il l'osa et l'accomplit à l'aube d'un nouveau régime. A Saint-Cloud, il signe la grande promotion qui élève dix-huit généraux de la Révolution à la dignité du maréchalat, annulant ainsi le décret rendu le 21 février 1793 par la Convention supprimant les maréchaux. Au régime monarchique qu'il restaure ainsi en reliant la chaîne brisée d'une dignité datant de Philippe-Auguste, il ne fait aucune concession. En 1675, Louis XIV avait créé huit maréchaux; en 1693, sept; en 1703, onze; Louis XVI en avait nommé dix en 1783. Bonaparte fait ce que tous deux n'ont point fait et il donne le bâton semé d'aigles et d'abeilles à Murat; à Augereau, fils d'un maçon et d'une fruitière; à Ney, fils d'un tonnelier de Sarrelouis; à Masséna; à Berthier; à Lannes, fils de palefrenier; au vieux Kellermann; à Pérignon; au jeune Davout; à Bernadotte, fils d'un petit avocat de Pau; à Soult; à Mortier; à Brune; à Lefebvre, le fils d'un meunier; à Sérurier; à Bessières; à Jourdan; à Moncey; créant ainsi cette noblesse du sabre, si prompte à le trahir, à l'oublier, à le renier, au jour du désastre.

C'est là que se déclarera la première fissure dans l'œuvre de Napoléon. Les 1 254 945 fr. de revenu annuel donnés à Berthier; les 910 000 fr. à Davout; les 728 000 fr. à Ney; les 500 000 fr. à Masséna; les 196 764 fr. à Augereau; les 100 000 fr. à Champagny; les 198 000 fr. à Mortier; les 150 000 fr. à Regnier; les 288 000 fr. à Arighi; les 180 000 fr. à Maret; les 162 000 fr. à Savary; les 157 000 à Victor; les 263 000 fr. à Bessières; les 305 000 fr. à Soult; les 450 000 fr. à Cambacérès; les 200 000 fr. à Caulaincourt; les 145 000 fr. à Clarke; les 270 000 fr. à Duroc; les 185 000 fr. à Oudinot; les 100 000 fr. à Moncey; les

100 000 fr. à Fouché; les 125 000 fr. à Gaudin;
les 325 000 fr. à Lannes; les 155 000 fr. à Lefebvre; les 120 000 fr. à Marmont; les 170 000 fr. à
Mouton; les 100 000 fr. à Lemarois; les 100 000 fr.
à Ornano; les 200 000 fr. à Tascher; les 122 000
fr. à Bertrand; les 110 000 fr. à Rapp, son aide
de camp; les 120 000 fr. à Sébastiani; les 122 000
fr. à Mollien; tout cet or débordant sur quelques
privilégiés en vertu du sénatus-consulte du 30
janvier 1810, instituant le *Domaine extraordinaire*,
lui a-t-il valu la reconnaissance et le dévouement absolus de ceux à qui il l'accordait? La
liste des défections et des trahisons de 1814 et de
1815 est là, avec la lugubre éloquence des faits.
Elle fait une fois de plus comprendre que, traî-
nés pendant dix ans de champ de bataille en
champ de bataille, les hommes de 1804 ne pouvaient qu'aspirer à la paix, à la libre possession
de leurs domaines, de leurs principautés, de
leurs duchés, de leurs dotations. Pareil à Cambacérès trahissant en 1804 la Révolution au bé-
néfice de l'Empire, Berthier a quitté Napoléon
— et ce départ qu'est-ce, sinon une trahison dé-
guisée? — pour devenir enfin prince de Neu-
châtel; Marmont a trahi pour assurer sa fortune; Fouché a trahi; Ney a trahi; Masséna à
trahi; tous ont trahi; tous auraient trahi. Noblesse neuve grandie dans les misères et les
fatigues du bivouac, elle voyait sourire au loin
la promesse des Eldorados inabordables; nau-
fragée dans la grande ruée impériale, elle som-

brait davantage à chaque bataille, à chaque campagne; elle prit terre en 1814, oublia l'Empereur, s'endormit et ne se réveilla, hagarde, désabusée, révoltée et rebelle, qu'au coup de tonnerre du 18 juin 1815.

Il est contraire à la logique naturelle des choses de donner la couronne princière à des rustres; de gorger d'or des gueux et de convier les maçons à venir habiter le palais qu'ils construisirent. C'est là, ainsi que l'écrit Gœthe, l'œuvre d'un homme en « état de perpétuelle illumination (*Erleuchtung*) », et M. Frédéric Masson la définit à merveille, cette œuvre, quand il dit: « Sa politique portait en soi des ferments incoercibles de destruction [1]. » Ces ferments attaquèrent l'œuvre napoléonienne dès le premier jour; les appétits ouverts deviennent de jour en jour plus vastes et, moins d'un an après la grande promotion de Saint-Cloud, Napoléon écrira au prince Joseph: « Faites donner à Masséna le conseil de rendre les six millions qu'il a pris. S'il les rend vite c'est le seul moyen de se sauver [2]. Faites surveiller Saint-Cyr; le détail de ses dilapidations est inouï [3]. »

La noblesse populaire de 1804 fut certainement une des causes de la ruine impériale. Elle

1. Frédéric Masson, *Napoléon et son fils*, introduction, v.

2. « *Si chacun admire sa bravoure et sa décision militaire, nul n'ignore son goût pour l'argent, sa cupidité.* » Paul Bonnefon, bibliothécaire de l'Arsenal, *Souvenirs et Mémoires*, n° 21, 15 mars 1900.

3. *Correspondance de Napoléon Ier*, t. XII, p. 217.

voulut jouir, jouir à tout prix, fût-ce à celui de la chute de l'Empire. Comme la supériorité des armées révolutionnaires apparaît ici avec une cruelle netteté! Les troupes de la Convention ont vaincu jusqu'au jour où, pauvres, affamées, en loques, elles se sont battues pour la Patrie. Les armées de l'Empire se sont battues à leur tour, elles aussi, en triomphant, jusqu'au jour où la lassitude et l'abondance, symptômes graves venus de haut, ont détruit la conscience populaire qui, mieux que la discipline, constitue la force des armées. Cette noblesse éphémère et de hasard — de hasard heureux — s'est battue pour ses majorats et ses dotations, non pour ses titres. De là la supériorité — toute relative d'ailleurs — de la noblesse de l'ancien régime sur celle en laquelle Bonaparte prétendait honorer l'effort d'émancipation du peuple. C'était affirmer l'égalité de la manière à la fois la plus fausse et la plus absurde. N'étant pas de droit divin, la dynastie impériale n'avait nul besoin d'une noblesse de droit impérial. Un autre défaut, plus grave encore, ce fut d'instaurer dans cette France, toute secouée encore de l'orage révolutionnaire, une cour nouvelle, établie suivant celle que le peuple avait détruite. Le décret de Saint-Cloud du 28 floréal souffletait toute la Révolution en abrogeant le décret du 21 février 1793.

Rupture éclatante avec ce passé dont l'Empire était sorti. Donner à Lesdiguières, dernier connétable de France depuis 1626, Louis, comme successeur, affirmait avec éclat la volonté de l'Empereur de renouer avec les traditions d'un régime contre lequel il avait porté les armes. Politique qu'il crut volontiers profonde et habile, qui lui attachait les femmes, que le titre des maréchalats faisait participer à la dignité, et qui ne fut qu'une cause de plus dans le désastre futur. Ainsi miné, sapé, l'édifice ne pouvait subsister. Ainsi forgé, le glaive n'était point assez pur; au premier choc il devait fatalement se fausser.

La pompe extérieure de cette cour entourait l'Empereur d'un éclat renouvelé des vieilles monarchies. Les grandes dignités se trouvaient rétablies avec Louis comme connétable; Murat comme grand-amiral ayant bâton de maréchal et titre de prince; et Berthier comme vice-connétable. De Louis, rien à dire. Dès le Consulat, il prend rang comme simple figurant. En 1804, il figure comme connétable, titre qui le pare comme un manteau de parade orne un mannequin. Plus tard, avec Hortense, il figurera sur le trône de Hollande, étonné perpétuellement de ce que l'Empereur décide en son nom sans le consulter. C'est le poids mort dont on allégera la barque à l'heure du danger.

Mais il y a Murat, il y a Berthier.

Murat, à cette date, a calmé ses ardeurs révolutionnaires. Il oublie volontiers qu'après les journées de septembre il portait avec ostentation

un os d'orteil qualifié de *dépouille d'aristocrate*[1].
On veut bien ne pas se souvenir de sa destitution
comme sous-lieutenant à l'armée des Pyrénées-
Orientales, après thermidor. Il a pour lui le

SIGNATURE DU MARÉCHAL NEY.

charme d'une jeune et belle bravoure. Il parade
à merveille « empanaché comme un tambour
major ». Beau, élégant, muscadin, soldat de fortune, il est digne de la couronne d'occasion que

SIGNATURE DU MARÉCHAL BESSIÈRES, DUC D'ISTRIE

l'avenir lui réserve. C'est le Lauzun de l'Empire.
Berthier est plus effacé, plus modeste. A l'armée d'Italie il s'est lié avec Bonaparte et Bonaparte l'a signalé au Directoire au lendemain de
Lodi[2]. Sa vie sera, dans l'ombre du général

---

1. Hippolyte Magen, *les Deux Cours et les Nuits de Saint-
Cloud. Mœurs, débauches et crimes de la famille Bonaparte*
1re partie, chap. I.

2. « *Je ne dois pas oublier l'intrépide Berthier, qui, dans cette
journée de Lodi, a été canonnier, cavalier et grenadier.* » Lettre
du général en chef Bonaparte au Directoire (11 mai 1796).

heureux, d'un obscur dévouement, dévouement dont il se lassera cependant.

Berthier, c'est la sagesse froide, prudente, sorte de mameluck désintéressé, comblé de biens, d'honneurs, de titres et qui mourra à la veille d'en goûter le plaisir. Il y a là aussi, haut de cinq pieds, six pouces, l'élégant Lannes, beau parleur et républicain. « Il n'avait été longtemps qu'un sabreur, disait l'Empereur, mais il était devenu du premier talent[1]. » Bonaparte l'aimait à cause de leur haine commune de l'Angleterre[2]. A Mantoue, à Arcole, ils s'étaient déjà rencontrés. Ce fils de palefrenier allait pouvoir mettre aux panneaux de ses carrosses la couronne ducale de l'Empire.

Dans cette cour improvisée, un Lefebvre, fils de meunier, n'avait pas à rougir de la présence d'un Augereau, au grossier langage démagogique, et l'orgueil de Ney auquel Mme de Rémusat trouvait « quelque chose d'assez rude[3] » pouvait à merveille s'accommoder de l'aristocratisme d'un Bessières, aux cheveux poudrés en oreilles de chien et tressés en une longue et mince queue à la prussienne, Bessières, raillé pour son strabisme. Pêle-mêle, les autres se cou-

---

1. *Le Mémorial de Sainte-Hélène*, t. I, p. 429.

2. « *Il faut avoir connu le maréchal Lannes pour avoir une idée juste de la haine qu'il portait à l'Angleterre. Son noble cœur ne comprenait pas qu'il fût possible de transiger avec ses senti ments et il les manifestait avec la franchise de son caractère.* » (*Mémoires de la duchesse d'Abrantès.*)

3. *Mémoires posthumes de Mme de Rémusat.*

doyaient : Sérurier, Mortier, Brune, Bessières,
Moncey, Bernadotte, Davout, Soult, Kellermann,
Pérignon, Jourdan.

Les mêmes champs de bataille les avaient
vus faire triompher les armes françaises et imposer aux ennemis la suprématie de l'ordre latin, de la claire raison française. A Marengo,
Murat, l'amoureux des déguisements, des vins,
des femmes et des quadrilles, avait crié à ses
escadrons décimés :

— Mes camarades, j'ai le c... rond comme une
pomme !

Mot soldatesque qui plaisait à Augereau, qui
rapprochait le maréchal du grand amiral ; phrase
qui fixe plus exactement qu'on ne se l'imagine
la psychologie de cette cour neuve, taillée de
toutes pièces, comme le « Messieurs les mestres
de camp, assurez vos chapeaux, nous allons
avoir l'honneur de charger ! » signifie ce qui
sépare Fontenoy de Marengo. Cohorte d'élite
où la grande flamme révolutionnaire n'était pas
éteinte encore, où vivait véritablement l'âme
passionnée et héroïque de la Gaule guerrière,
de la France en armes depuis l'insolente menace de Brunswick. Grâce à elle, pendant sept
ans, l'Empereur façonna l'Europe à sa volonté,
taillant des royaumes dans des lambeaux d'Empire, affirmant l'hégémonie du glaive latin sur
les barbares du Rhin, du Danube et de la Vis-
tule. Enorme faisceau d'énergies flamboyantes,

l'Empereur le projeta devant lui et de 1805 à 1811 rien ne résista à sa flamme, à sa force. Cette torche des grands courages ne courba son incendie qu'au rude hiver moscovite, quand les aigles blessées ramenèrent dans Paris des bandes hagardes de fuyards épouvantés, d'éclopés grelottants.

Ces dix-huit colonnes de l'Empire soutenant le trône de Bonaparte le firent apparaître aux nations dans une splendeur inconnue, éclatante, aveuglante. Quelque chose recommençait de l'épopée des preux de Charlemagne et la légende franque rattachait après des siècles les chaînons brisés. Considéré en bloc et en négligeant volontairement quelques-uns de ses détails, l'édifice impérial apparaît ainsi dans une majesté à laquelle on n'a rien pu comparer depuis. Cette main qui pacifiait la France maniait aussi le glaive; de cette bouche enflammée sortaient des proclamations d'une âpreté concise et romaine; en même temps, elle dictait des ordres, décidait de la paix et de la guerre, et la majesté des rois de France, chassée, exilée de Versailles, retrouvait sa pompe solennelle et sa grandeur dans les bivouacs de l'Empereur des Français.

*
* *

L'Empire proclamé officiellement le 1er décembre, on vit pour la première fois Napoléon monter au trône, s'asseoir sur la pourpre.

Miot de Mélito[1], qui assista à la cérémonie, nous a laissé la description du « dais de velours pourpre semé d'abeilles brodées en or; le tout d'une grande richesse, mais d'assez mauvais goût et d'un volume disproportionné avec l'étendue et la forme de la salle ». Il nous a conté l'étonnement des assistants à ce spectacle nouveau où « l'Empereur seul paraissait à son aise[2] ». Moins de douze ans s'étaient écoulés depuis la chute du trône de Louis XVI, et ce trône on le voyait relevé, les lys arrachés et des aigles crucifiées dans la pourpre. Rien donc n'était changé? Extérieurement, la majesté de 1804 surpassait celle de 1790, mais sous cet édifice fragile, sous cette carapace on sentait terré, caché, ce qui hier encore triomphait.

Alors on entendit Bonaparte parler de ses « sujets » et de « son trône », on l'entendit déclarer : « Je monte au trône où m'ont appelé les vœux unanimes du Sénat, du peuple et de l'armée, le cœur plein du sentiment des grandes destinées de ce peuple que, du milieu des camps, j'ai le premier salué de: grand. Depuis mon adolescence, mes pensées tout entières lui sont dévo-

---

1. Miot, comte de Mélito, après avoir été commissaire aux relations extérieures, membre du Tribunat, du Conseil d'État et administrateur de la Corse, se lia avec Joseph Bonaparte qu'il suivit à Naples et à Madrid. Sa fille épousa le général Fleischmann ambassadeur du roi de Wurtemberg à Paris, en 1831, et dont nous nous proposons de publier la correspondance et les papiers diplomatiques.

2. Miot de Mélito, *Mémoires sur le Consulat, l'Empire et le roi Joseph.*

lues et, je dois le dire ici, mes plaisirs et mes peines ne se composent plus aujourd'hui que du bonheur ou du malheur de mon peuple. Mes descendants conserveront longtemps ce trône, le premier de l'univers. Dans les camps, ils seront les premiers soldats de l'armée, sacrifiant leur vie pour la défense du pays. »

Alors on regarda ce visage devenu un peu pâle, on vit la flamme vivante brûlant ces yeux ardents, on vit ce front large, cette tête volontaire, et on comprit qu'elle était prête à recevoir l'huile du sacre.

V

Le Premier Vol des Aigles

Fondée en 1802, la Légion d'honneur, loi de la République, reçut sa consécration solennelle en 1804 dans la cérémonie de l'hôtel des Invalides[1], ce temple de Mars où 4500 soldats, blessés et mutilés, vivaient dans l'ombre du grand siècle captif dans les cours mornes et pompeuses. Aux voûtes de l'église avait tonné l'écho du serment des nouveaux légionnaires mêlé aux cris de *Vive l'Empereur !* cris nouveaux dans une époque où tant d'acclamations diverses avaient salué les grands citoyens d'aujourd'hui, tyrans de demain. A cette cérémonie « Napoléon se couvrit comme le faisaient les anciens rois de France lorsqu'ils tenaient des lits de justice[2] ». Cependant il comprit que ce n'était point là frapper avec beaucoup de fruit l'esprit de la foule et sa pensée conçut aussitôt le projet d'une répétition de la cérémonie des Invalides, mais dans un

1. 14 juillet.
2. *Mémoires de Bourrienne*, t. VI, p. 156.

cadre plus large, mieux approprié à l'éclat, à la splendeur dont il voulait l'entourer.

Et il songea à Boulogne, à Boulogne où 100 000 soldats attendaient sous les ordres de Soult, l'embarquement pour Londres où l'Empereur voulait aller prendre l'Angleterre à la gorge. Ce camp formidable où il rêvait de rassembler dans les plaines 130 000 hommes, et « 2 000 péniches, chaloupes canonnières, bateaux canonniers ayant en batterie 2 000 pièces de 24 et plus de 1 000 obusiers [1] », était l'unique objet de ses veilles, le seul souci de ses travaux. C'est là qu'il allait rompre avec éclat la paix du 25 mars 1802 et déchirer l'acte devenu nul où Joseph Bonaparte et lord Cornwallis, plénipotentiaires, avaient échangé des signatures devenues inutiles. Des rives de Boulogne, il menaçait le gouvernement de Georges III avec l'assurance de celui qui tient dans son poing les victoires prisonnières.

Une ville pavoisée l'accueille, hérissée d'arcs de triomphe où flamboient les plus chaleureux éloges. On y lit :

IL EST L'IDOLE DE LA FRANCE !

L'UNIVERS RETENTIT DE SES EXPLOITS !

LA VICTOIRE ET LA PAIX LE PORTENT

A L'IMMORTALITÉ !

LE PLUS BEAU DE NOS JOURS !

IL SÇUT FIXER LA VICTOIRE !

IL A ÉTONNÉ LE MONDE PAR SA VALEUR.

1. Lettre à Gantheaume, 7 septembre 1803, *Correspondance de Napoléon Ier*, n° 7359.

Tous ces éloges, il les a lus partout déjà et
notamment aux frontons des arcs de triomphe
dressés au Havre, lors de son voyage avec Madame Bonaparte, en brumaire an XI. Au théâtre.

MASSÉNA.

D'après Bonne-Maison.

Cabinet des Estampes.

on joue, le 15 août, l'*Hommage impromptu*, inter-
mède mêlé de chants, par Lupard Dercy, petit
acte innocent, où on voit un brave bourgeois,
nommé Ambroise, élever avec le concours de
ses voisins, un autel à la Patrie où ils jurent

d'aimer Dieu et Napoléon et de leur rester fidèles.

Quand le jour se lève, on voit sur l'amphithéâtre de la plaine se ranger les 100 000 hommes de l'armée. La mer retentissante borne l'horizon, cet horizon vert où les aigles vont prendre leur vol et s'abattre sur la « perfide nation de Pitt ». Au milieu de cet immense cirque se dresse un énorme tréteau de quinze pieds de hauteur. Là, à côté du fauteuil de l'Empereur, on a déposé les casques de Bayard et de du Guesclin. Les héros du passé participent ainsi à la gloire neuve des héros de ce jour, car c'est dans ces casques que la main de Napoléon prendra les croix et les rubans de la Légion d'honneur qu'il dispense à ses soldats. Devant ces divisions dont les tambours chantent des bans triomphaux, dans le vent qui s'élève de la mer, l'Empereur crie:

— Commandants, officiers, légionnaires, citoyens, soldats, vous jurez sur votre honneur de vous dévouer au service de l'Empire et à la conservation de son territoire et de son intégrité; à la défense de l'Empereur, des lois de la République et des propriétés qu'elles ont consacrées; de combattre par tous les moyens que la justice, la raison et les lois autorisent, toute entreprise qui tendrait à rétablir le régime féodal; enfin vous jurez de concourir de tout votre pouvoir au maintien de la liberté et de l'égalité, base première de nos institutions. Vous le jurez?

Et de cette armée — bientôt la Grande Armée — l'immense clameur enveloppe le César, et cette clameur lui apporte son: « Nous le jurons! » passionné et ardent.

Cela remue au-dessus du fauteuil impérial les feuilles vertes du laurier mêlé aux aigles, aux étendards, aux trophées. Cela gonfle les loques des drapeaux de Syrie et d'Italie, cela retentit comme l'explosion de la France même prêtant son serment civique aux mains du maître qu'elle se donne.

Lui, debout, grave, la lèvre serrée, regarde onduler devant lui cette mer vivante et hurlante, ces flots humains qui déferlent vers le large horizon marin où roulent les eaux sous la fureur des vents, et sa main crispée dans le casque guerrier de Bayard, sur l'émail froid des croix neuves, sa main s'ouvre, tendue vers l'horizon, et dans les cris et les clameurs il semble qu'un large vol d'aigles s'éploie, les ailes ouvertes, le bec avide, les serres furieuses.

Les deux mille tambours[1] de cette armée roulent furieusement, et de la mer leur répond la canonnade des quarante-sept vaisseaux que le capitaine Daugier ramène dans le port. La première floraison des croix va étoiler les poitrines bombées, là sous les plastrons tendus, cette floraison, qui pendant l'Empire ira à vingt-cinq mille[2] poitrines, va suspendre le ruban rouge

1. Norvins, p. 131.
2. *Mémorial de Sainte-Hélène.*

pour lequel des hommes mourront qui avaient eu un village paisible et ignoré, une mère, des sœurs, une fiancée. Le grand vent de la folie guerrière et épique a soufflé sur la France. Le sort en est désormais jeté. L'armée braquée sur le cœur de l'Angleterre tremblante regarde les brumes du soir envelopper la mer mouvante. Elle a devant elle cette nuit où se voile le visage obscur de son destin, et derrière elle, là-bas, au delà des rives germaniques, la lueur confuse du futur soleil d'Austerlitz.

VI

La Volonté dynastique

Dans les premières paroles prononcées par Bonaparte après le sénatus-consulte du 28 floréal, transparaît la volonté bien établie, bien nette, d'établir sa dynastie, de « conserver longtemps ce trône à ses descendants », ainsi qu'il le déclare lui-même. C'est là ce qui permet à Taine de dire qu'on « ne saurait le juger équitablement d'après les règles de la morale contemporaine », car « Napoléon était un Italien du quinzième siècle, un contemporain des Borgia et des Machiavel ». La haine qui fait que Taine exagère si volontiers ses critiques et ses observations, même les plus puériles, lui fait toucher ici le point sensible. Juger Napoléon est pour lui impossible : il n'est pas Français. A juger l'Italien il se refuse, et cite Machiavel, qui représente la ruse, et les Borgia qui symbolisent la cruauté brutale. C'est se tromper sur Bonaparte que de le comparer ou l'égaler à Machiavel. Il n'a eu ni cette fourberie, ni cette ruse, arme dangereuse. Plus volontiers il a été brutal, il a marché droit à son but au mépris de ceux qui prétendaient l'arrêter. Quant à en faire, pour ces faits connus, un Borgia, c'est exagérer là encore, évidemment.

Ce qu'il y a de certain, d'apparent, de frappant en lui, c'est sa volonté, sa volonté brutale, il le faut confesser. Pouvait-il agir d'une façon différente? Cela est fort peu possible, son caractère, son tempérament, son éducation, tout cela s'y opposait. En outre, il avait devant ses yeux le déplorable exemple de Louis XVI, morne et lourde victime de sa paresse, de sa nonchalance et de sa goinfrerie. Les moyens brutaux et violents étaient naturels, instinctifs, spontanés chez lui. Dans son palais comme dans sa politique, il n'a jamais dépouillé l'homme de guerre. Il a prétendu mener la diplomatie comme une bataille où tout est livré à la force calculée, prévue, réfléchie. La diplomatie ne s'accommode pas de ce principe. Elle n'abandonne rien à la force, remet tout à la ruse et compte en le hasard le plus admirable de ses auxiliaires. Cela Napoléon n'a jamais pu le comprendre; de là des erreurs, des fautes, notamment en 1810, en 1812, et surtout en 1814. Cependant, il n'a jamais cessé de mener sa volonté vers le but qu'il s'était imposé. S'il n'a pas accompli la descente en Angleterre, c'est qu'il s'est souvenu à temps du désastre d'Aboukir et que les éléments eux-mêmes, en 1805, conspiraient contre lui.

Dès le jour de son avènement, il a montré sa volonté dynastique. C'est un des grands griefs que retient Chateaubriand à son égard. « Sur le trône, dit-il, il parut nous oublier, il ne parla plus que de lui, de son empire, de ses soldats [1]... » On ne fut d'ailleurs point sans s'en choquer. Ce langage autoritaire, despotique, surprit, principalement dans cette audience accordée le 10 frimaire au Conseil d'Etat et au Sénat. L'expression *mon peuple* étonna quand on la retrouva dans le *Moniteur* du 7 nivôse, dans le discours prononcé à l'ouverture de la session législative. Chateaubriand, qui cherche une excuse à ce ton rude et impérieux, l'explique en disant que « monté sur le trône il y fit asseoir le peuple avec lui, roi prolétaire il humilia les rois [2] ». Ce fut avant tout le peuple qu'il humilia, mais Chateaubriand n'est pas d'accord avec lui-même et se contredit en déclarant en outre: « Bonaparte si aristocrate, si ennemi du peuple [3]. » Il vaut mieux se rallier à l'explication donnée par le maréchal vicomte Wolseley, déclarant avec justesse qu'il « oubliait qu'il était sorti du peuple et agissait comme s'il était né dans la pourpre [4] ». Il y a eu dans Napoléon

1. Chateaubriand, *Mémoires d'outre-tombe.*
2. *Ibid.*
3. *Ibid.*
4. Le maréchal vicomte Wolseley, *le Déclin et la Chute de Napoléon* (1894), p. 19.

deux hommes bien distincts, contradictoires, mais qui s'expliquent l'un par l'autre quand on observe les circonstances dans lesquelles ils agissent. Le premier est celui dont Chateaubriand peut écrire : « Sous l'Empire nous disparûmes, il ne fut plus question de nous, tout appartenait à Bonaparte : « J'ai ordonné, j'ai vaincu, j'ai par- « lé ; mes aigles, ma couronne, ma famille, mes « sujets [1]. » C'est le Bonaparte autocratique, le Bonaparte du Louvre [2]. Il est un autre Bonaparte, celui des camps, celui qui fait participer l'armée entière à la communion de la victoire, le Bonaparte grandi par la légende, le *Petit Tondu* de la Garde Impériale, le *Caporal*, le *Petit Caporal*, le *Père la Violette*, *Lui* ; celui qu'un soldat harponne par le pan de sa redingote la veille de Rivoli pour lui dire :

— Tu veux de la gloire ? Eh bien, nous allons t'en f... de la gloire !

L'Empereur, enfin, l'Empereur de la Grande Armée. Rendu, retrempé à l'élément dont il était sorti, il se démasqua en quelque sorte. Ce n'était plus l'homme du manteau aux abeilles d'or, c'était simplement le général à la redingote grise, celui qui tirait les moustaches de ses grenadiers, pinçait les oreilles des chasseurs et donnait des croix — une pour mille.

---

1. Chateaubriand, *Mémoires d'outre-tombe*, t. III : *Publication de ma brochure : De Buonaparte et des Bourbons.*

2. « *En effet, il n'y avait plus de France, il n'y avait plus que la propriété de Bonaparte : il était chez lui.* » — *La Franc-maçonnerie, sa politique et son œuvre* (1899), p. 162.

Ce Bonaparte-là parlait encore de « sa couronne », de « son trône », certes, mais dans ses proclamations pour Paris.

A ses soldats, il n'en parlait que pour les remercier de les lui conserver par leur valeur. Hypocrisie? Calcul? Ruse? Dissimulation? Non, influence du milieu. Le Louvre grisait l'homme de brumaire, le général jadis révoqué, mourant de faim et claquant des dents dans son galetas de la rue de la Michodière. Est-ce là une sorte de « Mazarin corse, cauteleux et bourru [1] » qu'on est volontiers tenté de reconnaître dans la justesse heureuse de l'expression? Bonaparte ne s'accommode point du jeu délicat des ruses, nous l'avons déjà dit. Thiers, lui-même, ne le nie point. D'ailleurs en douterait-on qu'on n'aurait qu'à ouvrir les tomes de la *Correspondance*.

Cette volonté dynastique, Napoléon l'affirmera avec éclat quand, dix-huit mois après son avènement à l'Empire, il ordonnera l'érection de la colonne à la gloire de la Grande Armée. Et quel emplacement choisit-il? Celui de la place Vendôme, qui semble enclore dans la perspective harmonieuse de ses belles façades l'âme même de la race, cette âme d'ordre et de noblesse française. Du marbre gisant de la statue équestre du Roy-Soleil s'élèvera la tournoyante spirale de bronze où, plus tard, il méditera

---

1. Paul Adam, *le Triomphe des médiocres* (*Du napoléonisme*) (1898), p. 18.

de faire enfermer [1] l'épée fameuse sur laquelle avec le nom d'Austerlitz on gravera la date du 11 frimaire an XIV.

Il latinise son nom; il est gravé dans le bronze en lettres d'une majesté romaine:

NAPOLIO

L'inscription entière est significative:

NAPOLIO-IMP-AVG
MONVMENTVM . BELLI. GERMANICI
ANNO MDCCCV
TRIMESTRI. SPATIO. DVCTV. SVO
PROFLIGATI
EX. ÆRE. CAPTO.
GLORIÆ. EXERCITUS. MAXIMI. DICAVIT

Le bronze le qualifie *Imperator* et *Auguste*, c'est-à-dire empereur romain. Auguste, il annonce qu'il reproduira la dynastie de la famille julienne (Julius Cœsar), car le neveu de César, Octave, n'a-t-il pas fondé l'empire romain en prenant au trône la dignité d'Auguste? Et pour que sur cette intention on ne se méprenne pas, il se fera représenter au faîte du bronze, non en général de la Grande Armée, mais en empereur romain, la toge à l'épaule, la tête laurée et tenant à la main ce par quoi les empereurs

1. *Mémoires de Constant,* premier valet de chambre de l'Empereur.

romains se reconnaissent: la Victoire ailée[1]. Il veut être le nouveau Charlemagne, restaurateur de l'empire franc, maître lui-même du Saint-Empire germanique. Le baron Gérard le peindra avec le sceptre terminé par un aigle aux ailes mi-éployées et ayant pour main de justice la main aux cinq doigts dressés. Enfin lui-même s'appellera « le Grand » dans le bronze ennemi captif de la colonne.

Son génie qui parvint à fondre l'antagonisme politique des hommes de tant de régimes et des parvenus de la Révolution ne peut empêcher que l'unité ne soit qu'apparente. C'est, dans la dynastie des Napoléonides, l'invasion des parvenus, la ruée débordante et conquérante des appétits. Défaut de la noblesse de 1804, défaut de cette dynastie. Sous la mince couche de vernis, tout semble égal, pacifié. Qu'il faut de peu pour la faire craquer au premier choc ébranlant l'édifice napoléonien! Là, la Révolution a repris ses droits. Il n'était pas dans son achèvement logique de se terminer par la fondation d'une dynastie.

Cette crainte de la fissure, du cataclysme, la monarchie héréditaire en était exempte. L'Empereur disparu, c'est l'Empire tout entier qui croule et s'abîme avec fracas. Les Napoléonides

---

1. « La colonne Trajane fut prise pour modèle, mais malheureusement, elle ne fut imitée que pour les proportions de force et de hauteur, et non pour le mérite des sculptures. » Edouard Fournier, *Promenade historique dans Paris* (1894), p. 133.

n'ont pas derrière eux la longue suite des tombeaux centenaires d'un Saint-Denis impérial[1]. Cette société, cette noblesse, cette dynastie, basées sur la chance du Maître et sur rien qu'elle, en suivent toutes les fluctuations. Un discours de Cambacérès, en 1804, et une lettre de Fouché à Louis XVIII, en 1814, en donnent toute la mesure. Cette puissance, ce luxe, ces titres, ces duchés, ces domaines, ces rentes et ces royaumes à quoi donc tenaient-ils? A l'issue d'une bataille, à la chance d'un combat.

Et le destin a voulu que cette chance durât dix ans. La contre-révolution a vaincu à Waterloo. La France a reculé de vingt-trois ans à l'issue des Cent-Jours. La Révolution trahie définitivement par Napoléon en 1810, alors qu'il pactisait avec l'étranger au prix d'une fille de sang impérial, fut livrée aux coups du hasard.

Hasard malheureux de 1812, de 1813, de 1814, écrasement définitif, total, absolu, dans les blés verdoyants des plaines brabançonnes. Ce que Letizia Ramolino avait prévu en 1804 s'accomplissait miraculeusement en 1815. « Elle croit que le premier consul a tort de vouloir porter la couronne de Louis XVI », écrivait Lucien à Joseph[2].

---

1. « O Providence ! Il croyait préparer des sépulcres à sa race, et il ne faisait que bâtir le tombeau de Louis XVI ! » *Œuvres complètes de M. le vicomte de Chateaubriand*, membre de l'Académie française ; tome V, *Mélanges politiques. Le vingt et un janvier mil huit cent quinze.* (MDCCCXXXVI.)

2. *Lucien Bonaparte et ses mémoires.*

Et, frappé de cette foudre, l'édifice a croulé
soudain. Rois, princes, ducs et maréchaux ont
sauvé du désastre les restes des fortunes dues
à la magnificence de Bonaparte et comme celui-ci ne s'était réservé que la gloire et sa part
d'histoire, il a pu mourir pauvre, à la charge
de l'Angleterre, dans une masure abandonnée au
delà des océans, dans le rouge enfer· des Afri-
ques.

VII

Le Figurant du Sacre

Bonaparte a voulu se faire sacrer par le Pape.
Instinctivement il a compris qu'aux yeux de Paris la présence de Pie VII était la consécration
de sa fortune heureuse. Par cela même, il s'égalait aux rois autrefois sacrés à Reims, à Saint-
Denis, à Troyes. Il laisse à Louis XVIII, oint à
Mittau, par l'ex-archevêque de Reims, Talley-
rand-Périgord, le sacre clandestin.

Faut-il croire qu'il voulait à son front la bénédiction des mains papales uniquement « parce
qu'il fut un gentilhomme italien catholique[1] » ?
Le rôle qu'il imposa lors du sacre à Pie VII n'est
pas celui que lui eût réservé un gentilhomme
catholique. Qu'a fait le Pape au sacre sinon
que figurer? A-t-il couronné Bonaparte? Non.
A-t-il couronné Joséphine? Pas davantage. Napoléon s'est couronné lui-même et a couronné

---

1. J. Michelet, *Histoire de la Révolution française (du 18 bru-*
maire à Waterloo), chap. VI, p. 131.

l'Impératrice. C'est donc uniquement dans le domaine de la politique qu'il faut chercher l'explication de cette présence pour laquelle Caffarelli, l'aide de camp de l'Empereur, envoyé à Rome, dut employer la menace, ce que Miot de Mélito atteste.

C'était affirmer aux yeux du clergé français, au moins de cette partie réactionnaire, restée rebelle à l'organisation légale du culte promulguée par le décret du 18 germinal an X, la puissance, non seulement effective, mais encore morale de l'Empereur ; c'était obtenir l'approbation tacite du Pape à l'œuvre entreprise depuis le Consulat[1]. Portalis s'en exprime clairement : « Dans les temps les plus calmes, il est de l'intérêt des gouvernements de ne point renoncer à la conduite des affaires religieuses. Ces affaires ont toujours été rangées, par les différents codes des nations, dans les matières qui appartiennent à la haute police de l'Etat[2]. » Dans l'esprit de Napoléon, cette mainmise sur le clergé, c'était un des points importants de la pacification nationale. Il devinait une puissance dressée en face de la sienne. Il ne la combattit point, mais il se l'attacha. Ces affaires religieuses étaient menées avec prudence. M. de Talley-

1. Portalis, *le Concordat*.

2. Voir : comte Boulay de la Meurthe, *Documents sur la négociation du Concordat et sur les autres rapports de la France avec le Saint-Siège de 1800 à 1801*, publiés par le comte Boulay de la Meurthe ; et de Mgr de Meneval, *le Concordat de 1801*.

LE SERMENT DE L'EMPEREUR.

(Estampe populaire.)

rand avait, en ces occasions délicates, des avis auxquels on se ralliait souvent. Et toujours, à l'improviste, perce la volonté dynastique, Napoléon n'a pas encore déclaré la France la fille aînée de l'Eglise, mais il se reconnaît le « très dévoué fils » de Pie VII, il parle de son « respect filial [1] ». Il signera ses lettres « Votre dévot fils [2]... » et dans ses brefs, Pie VII le nommera *Carissime in Christo Fili noster...*

Cette prudence, cette habileté qui n'a cependant rien de la ruse, ne masque pas toujours l'impatience de Bonaparte. Il lui tarde d'entendre le *Te Deum* triomphal de Notre-Dame, les canons, les tambours; il a l'impatience du diadème et de la pourpre.

Au moment où s'engagent à Rome, avec Cacault, des négociations [3], l'accord semble parfait, du moins en apparence. Mais l'affaire est menée avec une lenteur que Napoléon ne comprend pas. Le 4 avril, Fesch est dépêché à Rome. L'Empereur a confiance en lui. Il le sait dévoué à sa famille. Fesch unit à la prudence ecclésiastique l'âpre et tenace volonté corse. Ce qu'il fera à Rome ne sera pourtant que de la diplomatie sinon médiocre, au moins ordinaire.

---

1. *L'Empereur à S. S. Pie VII*, Saint-Cloud, 2 floréal, an XII.

2. Du camp impérial de Boulogne, 19 août 1805. *Correspondance de Napoléon I*, t. XI, p. 122, n° 9092.

3. « Napoléon s'étant fait déclarer empereur, il s'ouvrit entre lui et le gouvernement du Saint-Siège une longue négociation ayant pour but de venir le sacrer et le couronner. » Chevé, *Dictionnaire des papes*, p. 1167.

Le recueil de ses lettres est précieux et dévoile les dessous de cette intrigue qui se termina au sacre. Les pièces relatives à ces négociations, signées de lui, occupent une large place dans les volumes bourrés de rapports, de consultations, de mémoires, d'observations. Aucune des lourdes difficultés auxquelles il se heurte à chaque pas ne l'arrêtera.

Pressé par lui, le Pape déclare:

— Je sais qu'on dit de l'Empereur un bien extrême, qu'il aime la religion, mais il a autour de sa personne, dans son Conseil d'Etat et parmi ses généraux, plusieurs confidents dont on ne peut pas dire la même chose, qui cherchent à faire donner des idées contraires à ses sentiments connus de modération. Enfin je prierai Dieu de me dicter mes devoirs [1].

Ces sentiments, non dissimulés, de répugnance et d'horreur pour les régicides de 93, devenus dignitaires de l'Empire, étaient attisés par le secrétaire d'Etat Consalvi. Le Pape ne rencontrera-t-il pas, aux côtés de l'Empereur, ces proscripteurs de la Terreur, ces traqueurs de prêtres, et parmi eux cette madame de Talleyrand dont il ne veut pas « avoir l'air d'autoriser le mariage qu'il ne reconnaîtra jamais [2] » ? S'il sacre Na-

---

1. Bibliothèque nationale ; fonds français, manuscrit Molitor p. 35.

2. *Mémoire sur les objections, difficultés et conditions de la cour de Rome sur le voyage de Sa Sainteté Pie VII à Paris, pour y sacrer et couronner l'Empereur des Français,* par le cardinal Fesch, titre 1, art. 4, 10 juin 1804.

poléon il crée un précédent dangereux dont lui tiendront compte les cours de l'Europe. Pie VII comprend à merveille que c'est la Révolution triomphante qu'on lui demande de consacrer, et il hésite, il tergiverse. Il refuse d'aller à Aix-la-Chapelle et le motif qu'il donne est ridicule. Fesch, cependant, ne lui laissait pas reprendre haleine et le pousse dans ses derniers retranchements.

Pied à pied, le Pape défend le terrain. Article par article, il discute le cérémonial proposé pour le couronnement. Le conclave rassemblé condamne le serment que doit prononcer l'Empereur. De l'avis général, on trouve qu'il n'est pas catholique : 1º en ce qu'il consacre la tolérance des cultes ; 2º en ce qu'il assimile au Concordat les lois organiques [1]. Mais Fesch est là qui veille et Fesch fait entendre raison au Conclave. Il a sacrifié Mme de Talleyrand à la pudeur romaine, mais il n'entend cependant point laisser toucher à l'acte politique qu'exige le sénatus-consulte du nouvel Empereur [2]. Reste la question

---

1. L'abbé Quéant, *le Sacre, études historiques, philosophiques et religieuses.*

2. « Dans les deux ans qui suivent son avènement ou sa majorité, l'Empereur accompagné des titulaires des grandes dignités de l'empire, des ministres, des grands officiers de l'empire, prête serment au peuple français sur l'Évangile, et en présence du Sénat du Conseil d'État, du Corps législatif, du Tribunat, de la Cour de cassation, des archevêques, des évêques, des grands officiers de la Légion d'honneur, de la comptabilité nationale, des présidents des collèges électoraux, des présidents des assemblées des cantons, des présidents des consistoires et des maires des trente-six principales villes de l'Empire. » (*Article 52 du sénatus-consulte organique.*)

argent. Pie VII s'effraye des dépenses énormes du voyage. « Il sera défrayé de tout », écrit l'Empereur[1], car « l'Empereur connaît trop bien la détresse des finances du pape » et « lui donnera une compensation satisfaisante[2] ». Tout s'arrange donc.

Le 30 août Pie VII accepte en principe, et le 4 septembre il promet formellement. Fesch triomphe et écrit aussitôt à l'Empereur: « J'ai l'honneur d'annoncer à Votre Majesté que le Saint-Père va se rendre à Paris pour la cérémonie du sacre. La nécessité m'enjoint de la mettre au fait de toute la résistance que j'ai dû vaincre. Ma conduite a été celle d'un homme qui voulait ménager la Cour de Rome sans lui laisser l'espoir d'empiéter sur les lois fondamentales et privilèges de la couronne de Votre Majesté. Il en est résulté que Sa Sainteté n'aura point à se plaindre lorsqu'elle se rendra pour traiter de l'abrogation des deux précédents articles des lois organiques du Concordat. Il s'agit maintenant de faire arriver dans le plus bref délai la lettre d'invitation de Votre Majesté à Sa Sainteté. On ne demande plus qu'elle soit présentée par deux évêques. On se contentera qu'elle soit remise par un officier de quelque considération. Si cette lettre arrive avant le 26

---

1. *Correspondance de Napoléon Ier*, t. IX, p. 666, n° 8027.

2. Augustin Theiner, préfet des archives du Vatican, *Histoire des deux Concordats de la République française et de la République cisalpine* (1869).

septembre, Sa Sainteté partira de Rome le 15 octobre, car il lui faut vingt jours pour ses préparatifs ostensibles.

« J'ai avec insistance dû me servir de tous les moyens possibles pour l'engager à ce voyage. Je lui ai même offert la plus belle voiture de Rome, à sept glaces, pour se rendre visible à tous ceux qui vont à sa rencontre. J'ai offert des voitures de voyage aux cardinaux [1]... »

L'officier de « quelque considération » arrive et le 29 septembre remet au Pape la lettre d'invitation de l'Empereur, conçue en ces termes:

Cologne, 15 septembre 1804.

« Très Saint-Père,

« L'heureux effet qu'éprouvent la morale et le caractère de mon peuple par le rétablissement de la religion chrétienne, me porte à prier Votre Sainteté de me donner une nouvelle preuve de l'intérêt qu'elle prend à ma destinée et à celle de cette grande nation, dans une des circonstances les plus importantes qu'offrent les annales du monde. Je la prie de venir donner, au plus éminent degré, le caractère de la religion à la cérémonie du sacre et du couronnement du premier Empereur des Français. Cette cérémonie acquerra un nouveau lustre lorsqu'elle sera faite par Votre Sainteté elle-même. Elle attirera sur nous et nos peuples les bénédictions de Dieu,

---

1. Bibliothèque nationale, manuscrits fonds français, n° 20.

dont les décrets règlent à sa volonté le sort des empires et des familles.

« Votre Sainteté connaît les sentiments affectueux que je lui porte depuis longtemps, et par là elle doit juger du plaisir que m'offrira cette circonstance de lui en donner de nouvelles preuves [1].

« NAPOLÉON. »

Ce n'est que chez Miot de Mélito [2] qu'on voit Caffarelli accusé de violence à l'égard de Pie VII. En l'admettant, il faut constater cependant qu'elle aurait été inutile, la décision du Pape étant connue et rien ne s'opposant désormais à son voyage à Paris. La maladresse de Caffarelli, le « défenseur le plus zélé du Concordat [3] », frère de l'évêque de Saint-Brieuc, aurait été insigne en cette occasion, et Fesch n'aurait pas manqué de s'en plaindre ainsi que Consalvi. Consalvi, au contraire, déclare que l'aide de camp de Napoléon a « été très bien [4] », et plus tard, « l'officier distingué » pour qui l'Empereur a « de l'affection [5] » recueillera à cet égard les témoignages les moins suspects [6].

1. *Correspondance de Napoléon Ier*, t. IX, p. 662, n° 8020.
2. Miot de Mélito, *vol. cit.*
3. *Correspondance de Napoléon Ier*, t. IX, p. 662, n° 8020.
4. *Vie de Pie VII*, t. I, p. 482.
5. *Correspondance de Napoléon Ier*, t. IX, p. 666, n° 8027.
6. La *Biographie moderne ou Galerie historique*, parue en 1816, et d'une inspiration nettement antibonapartiste écrit, de Caf-

Tout est donc décidé, et au Consistoire du 29 octobre, Pie VII déclare aux cardinaux son intention de se rendre à Paris pour couronner Napoléon. Il dit :

— Ce puissant prince, notre très cher fils en Jésus-Christ, nous a fait savoir qu'il désirait vivement recevoir de nous l'onction sainte et la couronne impériale, afin que la religion, imprimant à cette cérémonie solennelle le caractère le plus sacré, en fasse la source des plus abondantes bénédictions.

Cette soumission de Pie VII à l'inéluctable est loin d'être sans arrière-pensées. De cet acte de complaisance singulière [1], il espère quelque reconnaissance et quand, après le décret d'annexion des Etats pontificaux à l'Empire, le 10 juin 1810, il lancera sa bulle d'excommunication, il n'aura aucune pudeur à l'avouer hautement, publiquement. Il se donnera à lui-même la solennelle affirmation d'avoir été trompé par

farelli, dont elle orthographie le nom : *Caffarelly* : « Il s'acquitta de sa mission avec habileté. » C'est la meilleure des réponses à l'affirmation erronée de Miot de Mélito dont le dévouement pour Joseph se traduit si souvent en haine pour Napoléon.

1. « On l'a vu s'arracher de Rome, traverser les Alpes malgré son grand âge, malgré la rigueur de la saison, voyageant ainsi plutôt en courrier qu'en Souverain Pontife, pour aller couronner l'empereur à Paris, sachant très bien que cet acte de complaisance singulière, de déférence, refroidirait, indisposerait les cours de l'Europe, les unes ennemies, les autres rivales de la France, toutes jalouses de l'accroissement de la puissance de Napoléon. » *Déclaration des cardinaux au Consistoire du 8 juin 1806.*

Bonaparte[1]. Ce voyage, inutile et pénible, il ne pardonnera jamais à Napoléon de le lui avoir fait accomplir sans résultat appréciable. Hôte qui se plaint de l'hospitalité insuffisante, il ne cessera de réclamer avec acrimonie jusqu'à la chute de celui qu'il va couronner du diadème de Charlemagne. Ce n'est point là le Pape qui « ne put pas résister au désir qui lui avait été manifesté de consacrer l'union de l'Eglise et du trône par l'autorité de sa présence et les pompes du culte dont il était le Souverain Pontife[2] ». Affirmation puérile que les faits viennent étrangement contredire!

Toutes ces discussions et toutes ces tergiversations ne furent pas sans créer quelque embarras aux Tuileries. Le sacre avait été primitivement fixé au 26 messidor (14 juillet), reculé ensuite au 18 brumaire[3]. Le *Journal de Paris*

1. « En vain, jusqu'à présent, nous avons essayé de défendre les droits et les intérêts de l'Eglise auprès de celui qui avait formé avec les impies le complot de la détruire entièrement ; de celui qui n'avait fait un pacte d'amitié **avec** elle que pour la mieux trahir, qui n'avait feint de devenir son protecteur que pour l'opprimer plus sûrement. Longtemps et plus d'une fois on nous donna les plus flatteuses espérances afin de déterminer notre voyage en France ; ensuite on commença à éluder nos déclarations (*réclamations ?*) par des détours adroits, des subterfuges et des réponses astucieuses qui nous étaient faites, soit pour nous tromper, soit pour traîner les discussions en longueur... » *Bulle d'excommunication* (1810).

2. *Mémoires et Souvenirs de La Valette*, ancien aide de camp de Napoléon, directeur des postes sous l'Empire et pendant les Cent Jours (p. 253).

3. Décret du 21 messidor, inséré au *Moniteur* :

De la prestation du serment et du couronnement

Article premier. — La prestation du serment et le cou-

public le 13 octobre cette note: « La fête du 18 brumaire fait toujours le sujet de tous les entretiens. Tous l'attendent avec impatience, et comme personne n'en connaît au juste le programme, chacun fait des conjectures à sa manière. Parmi ces conjectures, nous avons ouï dire que l'Empereur serait couronné aux Invalides, élevé sur le pavois au Champ-de-Mars, sacré à Notre-Dame et dînerait à l'Hôtel de Ville. » Mais bientôt cette date si heureusement choisie du 18 brumaire[1] fait place à celle du dimanche suivant (9 novembre). Napoléon semble y attacher quelque importance, car il écrit à Cambacérès: « Je désire beaucoup que le couronnement se fasse le premier dimanche

ronnement de l'Empereur auront lieu le 18 brumaire prochain ;

Art. II. —Une proclamation annoncera cette solennité à tout l'empire et appellera ceux qui doivent y assister, aux termes du sénatus-consulte du 28 floréal dernier, à se rendre à Paris avant le 10 brumaire :

Art. III. — Il leur sera, en outre, adressé des lettres closes par Sa Majesté ;

Art. IV. — Les fonctionnaires publics convoqués feront connaître leur arrivée au grand-maître des cérémonies, qui leur indiquera les lieux où ils devront se rendre pour la cérémonie ;

Art. V. — La solennité de la prestation du serment et du couronnement aura lieu en présence de l'impératrice, des princes, princesses; des grands dignitaires et de tous les fonctionnaires publics désignés au sénatus-consulte du 28 floréal, dans la chapelle des Invalides... »

1. « ...parce que le 18 brumaire commença pour la France un système d'ordre et de repos, et pour les autres nations un état de sécurité. » Ch.-Maurice Talleyrand à Consalvi, secrétaire d'État de Sa Sainteté; Bourbon-l'Archambault, 15 thermidor an XII (Archives du ministère des affaires étrangères.)

après le 18 brumaire[1]. Le 19 octobre paraît
au *Moniteur*, l'avis que voici :

INTÉRIEUR — *Le jour du sacre et du couronnement de Sa
Majesté l'Empereur est fixé au 8 du mois de frimaire.*

Une fois encore, grâce à la lenteur apportée
par le Pape à hâter son voyage, la date change.
Un décret de Saint-Cloud fixe celle du 5 frimaire
et cependant le même jour (4 brumaire), l'Empereur adresse aux maréchaux des lettres d'invitation qui annoncent la cérémonie pour le
11 frimaire, date à laquelle on s'arrête définitivement, enfin. L'Empereur s'y décide après avoir
écrit à Talleyrand : « **Je veux bien différer
encore jusqu'au 11 frimaire, dernier délai ; si,
à cette époque le pape n'était point arrivé, le
couronnement aurait lieu et l'on serait forcé
de remettre le sacre. Je désire donc que vous
accélériez la marche du Saint-Père, de cinq à
six jours[2].** »

Et au moment où l'empereur signe cette lettre.
Pie VII arrive à Florence.

* * *

Le 2 novembre, après avoir célébré la messe
à Saint-Pierre, à l'autel de la Confession, le
pape quitte Rome[3], par la porte Angélique. Le
temps est radieux ; c'est un clair soleil d'hiver

1. *Correspondance de Napoléon Ier*, n° 8109.
2. *L'Empereur à Talleyrand*, 5 novembre 1801.
3. Relation de l'abbé Cancellieri, bibliothécaire du cardinal
Antone

romain qui luit sur la ville. Une énorme foule s'écrase dans les rues pour voir passer le cortège des prélats, des dignitaires, des évêques, des camériers, des caudataires, des officiers, des valets, des palefreniers, des cuisiniers; cortège qui s'élève au chiffre de cent huit personnes et que Fesch accompagne, surveille, devrait-on dire. De sa grande berline de voyage Pie VII bénit cette foule prosternée, et le cortège s'engage dans la campagne romaine sur la route de Ronciglione.

La maison du pape est nombreuse et brillante. Elle se compose des cardinaux Antonelli [1], Borgia [2], di Pietro [3], Caselli, Braschi, Fesch et de Bayan; de l'archevêque de Philippe, Fenaja; de l'archevêque d'Edesse, Bertazzoli; de l'arche-

---

1. « Le cardinal Antonelli, théologien, ami des moines et des gens d'esprit, porté à l'économie publique et à l'étude, mais ambitieux, fier, ennemi de la nation. Il jouit d'une bonne réputation parce qu'il est aumônier, populaire et n'a point de vices. » *Portrait personnel de la Cour de Rome* (anonyme). *Souvenirs et Mémoires,* nº 28, 15 octobre 1900.

2. « Le cardinal Borgia, homme de lettres et connu par tous les gens d'esprit. Il jouit d'une grande réputation à Rome et ailleurs. Homme de fatigues et de détails et non pas de grand talent dans les sciences et la politique. Cependant ennemi du pape *, ce qui veut dire ami de la vérité (*idem*).

3. « Le Saint-Père se propose de mener à Paris les cardinaux Antonelli, Foggia, di Pietra et Caselli. Ce sont des théologiens qui ne sauraient intriguer. Les deux premiers sont plus coulants, les derniers sont difficiles. » *Le cardinal Fesch à l'Empereur,* 4 septembre 1804. Bibliothèque nationale, Manuscrits français; nº 20, documents, p. 39.

*. Il s'agit du pape Pie VI que le même auteur anonyme appelle successivement : *fourbe, avare, ignorant* et *voleur.*

vêque de Carthage, Devoti, secrétaire des brefs
latins aux princes; de l'évêque de Porphyre,
Menochio. Elle comprend en outre le major-
dome du pape, Gavotti; le maître de chambre
(*maistra di Camera*), Altieri; le secrétaire des lettres
latines, Testa; les camériers secrets Maneurti et
Calderini; le chapelain Braga; le prince d'Altieri et le duc de Braschi, neveu du Pape, commandants des gardes nobles; le surintendant
du voyage, le marquis Sacchetti; les maîtres
des cérémonies, Zucche et Fornici; Speroni, le
porte-croix; Frediani, le caudataire; les officiers
de sacristie, l'abbé Mauri et Filippo Menicocci;
l'abbé Foschi, l'officier pour les mémoriaux; le
médecin Battista Porta; le chirurgien Ceccarini;
le cuisinier Targhini; deux intendants de chambre; quatre courriers.

Le Pape traverse l'Italie en fête. Partout on
se prosterne sur son passage. Aux messes solennelles succèdent les banquets; aux bénédictions,
les feux d'artifice. De Ronciglione, il a gagné
Viterbe, Bolsena, Aguapendente, Radicofani,
Ponte-Centino; il entre dans le royaume d'Etru-
rie dont la reine vient à sa rencontre et lui donne
une garde d'honneur. Après Sienne c'est Florence, où il arrive le 5 novembre pour repartir
le 7, Pistoie, S. Marcillo, Paulle, Modène, Reg-
gio, Parme; on traverse après des incidents comiques le Taro; on arrive à Plaisance, à Asti; le 12
on est à Turin où des malandrins volent le
fourgon contenant le trésor du Pape. Le 14, on

se remet en route pour gagner Suse et on traverse en chaise à porteurs le mont Cenis.

L'Empereur suit, par ses courriers, les détails du voyage ; il correspond avec le Pape, s'informe de sa santé.

Il lui écrit le 20 novembre[1] : « Très Saint-Père, j'ai appris avec une vive joie par la lettre de Votre Sainteté, datée de Turin, qu'elle était en bonne santé. Il me tarde d'apprendre de quelle manière elle a supporté le passage des montagnes. Je me flatte que cette semaine j'aurai le bonheur de la voir et de lui exprimer les sentiments que j'ai pour elle.

A son entrée dans le département de Marengo, le Pape est salué au nom de l'Empereur par le cardinal archevêque de Reims, Cambacérès ; le sénateur Aboville et le maître des cérémonies Salmatoris[2]. On est entré dans l'Empire. Voici Lanslebourg, Saint-Jean-de-Maurienne, Chambéry, Beauvoisin dépassés. Le peuple de France se presse au long des routes où patauge dans la boue des ornières le cortège du Pontife romain. On traverse ces villages humbles, transis sous la pluie, accroupis autour de leurs petits clochers, serrés autour des mails où, à l'ordre de l'Empereur, on vient d'abattre tous les arbres de la liberté plantés à l'ère jacobine. Sous une pluie battante, on arrive à Lyon, le 19 novembre.

---

1. *Correspondance de Napoléon Ier*, t. X, p. 71, n° 8189.
2. Décret du 5 brumaire an XIII (27 octobre).

Les trompettes sonnent, le tonnerre des canons retentit, car Berthier, ministre de la guerre, a transmis aux divisions territoriales les ordres de l'Empereur : « L'intention de Sa Majesté est que, lorsque Sa Sainteté entrera dans une place, toute la garnison prenne les armes ; la moitié de l'infanterie sera mise en bataille sur le glacis à droite et à gauche de la porte par laquelle Sa Sainteté devra entrer ; les sous-officiers et soldats présenteront les armes ; les officiers et les drapeaux salueront, les tambours battront aux champs.

« Toute la cavalerie ira au-devant de Sa Sainteté jusqu'à une demi-lieue de la place et l'escortera jusqu'à son logis. Les officiers et les étendards salueront ; les trompettes sonneront la marche ; il sera fait trois salves de toute l'artillerie de la place lorsque le Saint-Père aura passé les ponts.

« A sa sortie, la cavalerie se portera sur son passage, hors de la place, pour le suivre jusqu'à une demi-lieue de la barrière. Dès que Sa Sainteté sera sortie, on la saluera de trois décharges de toute l'artillerie.

« Lorsque le général de division, dans laquelle le Pape se trouvera, accompagnera Sa Sainteté, il se placera auprès de la portière de gauche. Les autres places autour de la voiture de Sa Sainteté seront occupées par les personnes qui ont été nommées spécialement pour l'accompagner[1]. » Aux portes de Lyon, le préfet, M. de Puzy ; les trois maires, Parent, Bernard de Charpieux, Saint-Rousset de Vauxonne ; le chapitre et le clergé reçoivent Pie VII et le conduisent, entouré d'une escorte de dragons, au parvis de la cathédrale Saint-Jean où le cardinal Fesch et le prince Altieri l'attendent. Après la cérémonie, le pape bénit la foule[2], stoïque sous l'orage qui noie la ville. Abrité par un baldaquin de pourpre, ce vieillard de soixante-deux ans disperse sur la ville la bénédiction sacrée, sur Lyon décimée par le glaive vengeur de la Convention qui avait décrété sa disparition du territoire de la République. Le 21 novembre, le cortège quitte Lyon, y abandonnant, agonisant, le cardinal Borgia à qui il ne restait plus que quelques jours à vivre. Par Rohan, Varennes, Moulins, Nevers, Cosne et Nemours on trotta vers Fontainebleau où attendait l'Empereur.

Le 25 novembre, dans la forêt, au carrefour de la Croix Saint-Herem, on le vit parmi sa garde. Midi sonnait au clocher du château où la Cour se courba devant la frêle et mince silhouette blanche, hésitante, la main levée, lasse de tant bénir. Le lendemain on partit, on quitta ce palais plein de la gloire naissante qui y

1. Archives du ministère de la guerre. Correspondance de brumaire **an XIII**.

2. « Tous demandaient à voir le Saint-Père et à recevoir sa bénédiction. » Mgr Lyonnet, *le Cardinal Fesch*, t. I.

Fremy del. et Sculp.

« LE GÉOMÈTRE DES BATAILLES »

(Cabinet des Estampes)

devait un jour se voiler du sombre crêpe de la défaite. Le 29 novembre le Pape s'installa au Pavillon de Flore, ayant à son service M. de Viry, chambellan; M. de Luçay, premier préfet du palais; et le premier écuyer cavalcadour, Durosel.

Napoléon sourit à sa fortune.

Ayant payé les frais du voyage, 228 913 francs [1], il jeta un rapide coup d'œil, le coup d'œil du triomphateur, sur la suite des événements. Tout avait réussi à souhait. Le bourdon de Notre-Dame pouvait disperser l'écho de son bronze sur ce Paris vaincu et glorieux. La pièce impériale pouvait dérouler la majesté théâtrale de son premier acte. L'acteur était prêt, et le figurant était là.

1. *Rapport de Caulaincourt, grand écuyer.* Archives nationales O³ 77.

VIII

Les Napoléonides

L'idée du divorce avec Joséphine date, non
de 1809, mais bien de 1804. Ce que dit Mme de
Rémusat des intrigues secrètes et des insistances
de Joseph auprès de Napoléon nous renseigne-
rait éloquemment à cet égard, si les faits publics n'étaient là. Jusqu'à Wagram l'Empereur
sut résister à ces haines de ses frères et de ses
sœurs contre Joséphine. Ces rivalités ont fourni
à M. Frédéric Masson ces œuvres considérables
qui étudient la famille de l'Empereur avec une
méthode à la fois neuve et définitive. Il est un
fait: « Les Corses étaient hostiles aux Beauharnais[1]. » Les Corses ont triomphé de la créole
et, par une vengeance du destin, c'est à partir

1. P. J. Proudhon : *Commentaires sur les Mémoires de Fouché, suivis du parallèle entre Napoléon et Wellington : manuscrits inédits*, publiés par Clément Rochel (Paris, 1900). « Tous
(*les Bonaparte*) nourrissent contre les Beauharnais une sourde
hostilité, à commencer par Madame Bonaparte, mère...» C. d'Argu-
zon, *Madame Louis Bonaparte*.

de ce jour-là qu'au ciel impérial décline le soleil salué au matin du 11 frimaire. Il y a eu
contre la politique de Bonaparte des coalitions
européennes; il n'a pas toujours triomphé aussi
facilement de la coalition permanente de sa
famille que de ses ennemis du continent. Les
Bonaparte ne se sont jamais pliés sans protester aux ordres de Napoléon. Il a eu contre lui l'opposition de Joseph, celle de Louis,
tacite, sournoise, secrète; celle de Lucien; celle
de ses sœurs. Sa mère elle-même a pris parti
contre lui pour Lucien, et le barron Larrey a pu
écrire avec assurance, appuyé sur des documents
irrécusables : « Mme Bonaparte mère redoutait
les aspirations du premier consul à l'Empire et
protestait contre toute participation personnelle
à les servir ou à les encourager [1]. » Il était resté
celui qu'aux jours de son enfance elle appelait
rébellione et il prétendait voir tout plier à sa
politique. Il le dit à Joséphine, avec une franchise qui serait du cynisme chez tout autre que
lui : « J'avoue que je désire beaucoup que tu
saches te résigner à l'intérêt de ma politique [2]... »
Le mot revient sous sa plume dans sa correspondance avec sa famille. A sa mère, il le déclarera nettement dans une lettre [3] omise dans le
tome XV de sa *Correspondance* :

1. *Madame Mère (Napoleonis Mater)*. Essai historique, par le
baron Larrey, de l'Institut de France. T. I, p. 346 (1892).

2. *Mémoires posthumes de Mme de Rémusat.*

3. L'original de cette lettre fait partie de la belle collection
d'autographes de M. Étienne Charavay.

« Madame, j'approuve fort que vous alliez à votre campagne, mais, tant que vous serez à Paris, il est convenable que vous dîniez tous les dimanches chez l'Impératrice où est le dîner de famille. *Ma famille est une famille politique.* Moi absent, l'Impératrice en est toujours le chef. *D'ailleurs c'est un honneur que je fais aux membres de ma famille.* Cela n'empêche pas que, me trouvant à Paris, toutes les fois que mes occupations me le permettraient, je n'aille dîner chez vous.

« Votre bien affectionné fils,

« NAPOLÉON.

« A Finckenstein, le 18 août 1807. »

Ma famille est une famille politique... Voilà l'aveu. C'est pour cette famille qu'il va fonder, qu'il fonde la quatrième dynastie, famille qu'il fait dater du 18 brumaire dans le *Moniteur* du 26 messidor an XIII, où il déclare : « A tous ceux qui demanderaient de quel temps date la maison de Bonaparte, la réponse est très facile : elle date du 18 brumaire. Soldat, magistrat et souverain, l'Empereur doit tout à son épée et à son amour du peuple[1]. » Quand il fait Joseph roi de Naples et roi d'Espagne ; Louis,

---

1. « Quelqu'un publia une généalogie dans laquelle on rattachait sa famille à d'anciens rois du Nord, Napoléon fit persifler cet essai de la flatterie dans un papier public, où l'on finissait par conclure que la noblesse du premier consul ne datait que de *Montenotte* ou du *18 brumaire.* » *Le Mémorial de Sainte-Hélène,* par le comte de Las Cases, t. I, p. 81.

7*

roi de Hollande, et Jérôme, roi de Westphalie, c'est moins pour partager les dépouilles des vaincus que pour affirmer sa politique et sa volonté dynastiques. Il veut la maison impériale des Bonaparte et peu lui importe qu'elle date du 18 brumaire ou des patriciens florentins. C'est véritablement un cri du cœur qui lui échappe, et que note Joseph dans ses *Mémoires*: « Je voudrais être ma postérité et assister à ce qu'un poète tel que le grand Corneille me ferait penser, sentir et dire! » Plus tard encore il dira: « Ah! si j'étais mon petit-fils! » Ayons le courage de l'écrire ici, c'est là de l'orgueil de parvenu. Nouvelle griserie de Bonaparte qui masque quelques-unes de ses facultés uniques.

Ces luttes intestines dans la famille Bonaparte devinrent aiguës, plus violentes encore, à l'époque du sacre. Tous les efforts des Bonaparte se tournaient, se liguaient contre Joséphine. « Depuis que l'on avait appris que le Pape viendrait à Paris pour le couronnement, la famille de l'Empereur était fort empressée à empêcher que Mme Bonaparte n'eût sa part d'une si grande cérémonie. La jalousie de nos princesses s'était fort échauffée sur cet article [1]. » Le règlement et le cérémonial arrêtés par l'Empereur au dernier conseil de Saint-Cloud [2] étaient attaqués par la famille. Rien ne prévalut cependant contre ce que Napoléon avait décidé. Alors

1. *Mémoires posthumes de Mme de Rémusat.*
2. 17 novembre 1804.

la famille se résigna, courbée sous la violente explosion de quelques-unes de ces colères familières au Corse devenu plus nerveux, plus irritable. Les derniers événements familiaux le faisaient éclater en reproches sanglants. Madame Mère venait de quitter Paris, rejoignant à Rome Lucien, parti pour un exil ordonné et volontiers accepté. Comme preuve des appétits qu'éveillaient les splendeurs naissantes, M. Etienne Charavay nous a donné le document suivant[1] d'une « orthographe extravagante » et auquel on serait coupable d'apporter la moindre altération :

A Monsieur l'ampereur Buonaparte, à Sein Clou, pré Pari.

Ajaccio, ce 15 may.

« Laids parvenus sont ordinairement fiairs ; cés pourquoi. j'ais peur de vous écrire. On dit d'ailleurs que lorsque vous étiés consulle, vous avés envoyé biens des gens dans le nouvo ou dans l'autre monde parce qui zavaient écri ce que vous ne vouliés pas qu'on lut. A présan que vous etés ampereur, ce sera peut être encor pi. Je me deicide pourtant à vous écrire, persuadée que vous n'oré pas oublié votre ancienne amie et couzine Petronilla Buonaparte.

« La laitre que je vous envoi ne se pairdra pas, j'espaire, et ne sera lue par pairsonne, puisque j'an charge une amie commune, la Brigheti, qui va à

---

1. *Revue des documents historiques*, **2e** série, t. I, p. 150 (1879).

Marseille pour apprendre le français, afin de se fer ensuite présenter dans votre cour impérial. Quant je me rappel les eureux momens que nous avons pacé ensemble, mon feble queur est prét à se fandre. Je souhaite qu'il en soit otant de vous quant vous recevré la présante laitre. Vous souvené vous du tans où vous donnié des lessons à la petite Petronilla quant vous arrivié de Paris où le Roi vous avé mis à l'école à cause de ce grant seigneur qui était si bien avec ma tante. C'es vous qui m'avés apris à conter et puis l'aurtaugrafe, et puis... Ah! couzin, je veux dire Cire, quoique vous m'ayés pour ainsi dire planté là depuis que le sistaine d'égalité vous a rendu grant seigneur, je n'ai. point oublié nos enciennes liaizons. Je vous en dirais maime là-dessus bien davantage, mais il y en a tous plin de choses qui se pacent entre couzin et couzine, quant on est auprés l'un de l'autre, et qui ne peuvent se mender dans une laittre. J'imagine que la place d'ampereur qu'on va vous donné vous vaudra de bons apointements et que vous n'oré pas à me dire comme quant vous étié lieutenant d'artillerie que vous n'avé pas le sou. Le petit est en pancion, mais je m'épuise pour l'entretenir et je panse que je n'orais pas de jupon si notre vieux oncle le notaire Jeronimo ne m'avé pas praité 18 francs. On m'a bien conseillé de vous écrire, mes je n'en ai pas eu le courage parce qu'on dizait que depuis que vous vous étiés fé français vous ne voulié plus reconnetre tous les Buonaparte qui sont restés en Corse. Vous connaissé ma timidité naturel, vous savé combien elle a été difficile à vincre. Hé bien, ces toujours de maime. D'après cela, Cire et chair couzin, vous pouvé pancer combien ça me coûte de vous écrire. Ces pourquoi je termine

ma laittre en vous assurant des témoignages de
mon amitié, toujours com autrefoi. »

Cire et tres chaur cousin

votre tres humbles et tres

obeissantes servantes et Cousine

petronilla Buonaparté

M. Charavay affirme que la lettre est de l'époque et il en faut croire sa haute et indiscutable
autorité. Mais, au moindre observateur, elle apparaîtra comme une plaisanterie grossière que
dénonce la date seule: *Ajaccio, 15 may,* alors
que le sénatus-consulte proclamé à Paris est
du 18 mai. Les insinuations de tyrannie, de
cruauté, même d'abandon d'enfant, ne man-
quent pas dans la lettre, qui n'en demeure pas
moins un document curieux où la perfidie se
mêle ingénieusement à la ruse et témoigne des
sentiments peu connus d'une époque qui vit
l'apogée de la fortune napoléonienne.

***

La veille du sacre, à minuit, on célèbre dans
un appartement retiré des Tuileries une cérémonie clandestine sur laquelle on garde un silence complice. C'est le mariage religieux de

l'Empereur et de Joséphine, condition imposée par le Pape au couronnement. De mauvaise grâce, Napoléon se soumet devant la menace. Il sait que Jean VIII a refusé de couronner Adelaïde, la femme de Louis le Bègue, parce que le mariage n'était pas valable. Bonaparte se soumet à la cérémonie que Fesch dépêche hâtivement à la grande satisfaction du marié. Ce jacobin devenu empereur n'aimait pas les prêtres, et il ne s'est pas fait faute de le dire plus tard.

Les deux témoins exigés ont été choisis parmi les aides de camp, du moins Mme de Rémusat le dit. D'autres déclarent que ce furent Berthier, ce dévouement vivant, et Talleyrand, cette trahison perpétuelle. Ce témoignage lui-même est contredit par celui-là qui affirme la présence à la cérémonie de Duroc et de Portalis, ministre des cultes. Ce sont des points difficiles à contrôler. Joséphine seule a parlé. Ses dires, Mme de Rémusat les rapporte.

La cérémonie finie, les flambeaux éteints, Fesch descend chez le Pape et l'informe du fait accompli. Les convenances sont sauvées. Et du fond du fauteuil où il sommeille, Pie VII déclare :

— Eh bien, alors nous ne nous opposons plus au couronnement de l'auguste Impératrice.

Cette dernière difficulté aplanie, Napoléon veut en finir avec sa famille. Il a une nouvelle algarade avec Mme Murat — Caroline, — Mme Joseph Bonaparte, — Julie, — Elisa et la princesse Louis Bonaparte. Véhémentes, révoltées, elles se refusent à *porter* au sacre le manteau de cette...

Napoléon éclate.

Elles porteront le manteau de l'Impératrice ou...

La fureur flambe dans ses prunelles. Sa voix s'étrangle. Et il cherche ce qui pourra mortifier, blesser, outrager ces femmes rebelles à la majesté souveraine qu'il prétend réserver à Joséphine.

Puis, soudain, il se calme, il sourit. Elles le regardent, surprises, effarées. Il y a chez Napoléon des sourires qu'elles redoutent. Il se calme, il est calmé. Il a trouvé, et cette fois — cette fois seulement! — il se révèle véritablement un Mazarin rusé, avisé.

Le *Moniteur* annoncera que les princesses *soutiendront* le manteau de l'Impératrice.

* * *

Paris se décore par ordre de l'Empereur. Il demande à Frochot, préfet de la Seine, une capitale présentable ». On exécute ses ordres avec promptitude. Des miracles de rapidité sont réalisés. On repave des rues, on cimente, on construit des trottoirs, on affermit les parapets. Le passage du quai Bonaparte est ouvert. On achève les deux larges escaliers de pierre qui descendent à la Seine près des ponts des Tuileries et de la Concorde. L'égout de la rue Bellechasse devient une rampe douce accessible aux voitures. Autour de Notre-Dame, par ordre de M. de Ségur, approuvé par Frochot, on abat les vieilles masures, ruines branlantes qui gêneront les évolutions des carrosses du sacre. Le quai Desaix se termine, la *Barrière des sergents*, bicoque, rue Saint-Honoré est jetée bas ; on pave, on nivelle la place du Carrousel dont on élargit les trottoirs, enfin on finit la grande galerie du musée Napoléon pour l'offrir dans « son entier à l'admiration des amateurs du vrai beau [1] ». Les théâtres retentissent d'acclamations à l'audition des couplets qui célèbrent « l'heureux événement ». Le 28 novembre, la salle des Variétés-Montansier croule sous les applaudissements quand dans *Mylord-Gô ou le Dix-huit brumaire*, un tableau impromptu en un acte mêlé de vaudevilles et dû à Désaugiers, on chante :

> *Il va, par un serment guerrier,*
> *S'engager, avec le ciel même,*
> *A se consacrer tout entier*
> *Au bonheur du peuple qu'il aime.*
> *Le ciel recevra ses serments,*
> *Sa foi ne peut qu'être sincère*
> *Puisqu'il remplit depuis dix ans*
> *La promesse qu'il va nous faire !*

Le théâtre des Jeunes-Elèves, à son tour, exprimera la joie populaire par l'organe de Picard, « employé et auteur de la *Rosière Impé-*

---

1. Dubray, *la Quatrième Dynastie.*

riale, vaudeville en un acte. » Tous les tréteaux de la province et des départements éloignés retentissent de couplets *impromptus*. A Bruges, on a donné *Une journée au camp de Bruges*, à-propos militaire en un acte par C. G. Etienne, inspecteur des fourrages. Gand ne veut pas rester en arrière et joue *les Dots ou la Fête du 11 frimaire*, opéra badin de Jean Roelandts sur lequel Charles Hanssens compose une musique allègre, et Rouen va applaudir de M. Ferrand, homme de lettres et comédien, le *Triomphe de la Vertu ou l'Innocence opprimée*, ingénument qualifié de *fait historique arrivé aux généraux français, Bonaparte et Berthier*, mélodrame en vers libres et en prose, en deux actes, orné d'un sonnet en l'honneur du premier Consul sur son avènement au trône de l'Empire français ; lequel sonnet compte seize vers. Mais cet enthousiasme et cette poésie sont pleins de bonne volonté. On ne tient pas rigueur des outrages à la prosodie et des manquements à la poétique. Depuis Marengo, on n'a vu pareille fièvre animer les lieux publics. La foule est énorme au Palais-Royal.

En exécution de l'article III du décret du 21 messidor, l'Empereur a convoqué à son triomphe les maréchaux — ses pairs — par lettres closes. Celle adressée à Masséna nous en fournit le type[1]. Et, par anticipation, elle

1. *Archives du prince d'Essling* ; registre de famille, n° 1, p. 50.

constitue le bulletin de victoire de la journée
du **11** frimaire.

     Mon cousin,

« La divine Providence et les constitutions de
l'Empire ayant placé la dignité impériale héréditaire
dans notre famille, Nous avons désigné le onzième
jour du mois de frimaire prochain pour la cérémonie de notre sacre et de notre couronnement.

« Nous vous en donnons avis par cette lettre, dési-
rant qu'aucun empêchement légitime ne s'oppose à ce
que Nous soyons accompagné par vous dans cette
solennité, ainsi qu'il est établi par l'article 52, titre 7,
de l'acte des constitutions du 28 floréal an XII.

« Sur ce, mon cousin, je prie Dieu qu'Il vous
ait en sa sainte et digne garde. »

« Fait à Saint-Cloud, le 4 brumaire an XIII. »

                    NAPOLÉON.

L'apprentissage du style impérial est fait. C'est
celui dont seront rédigés désormais les proclamations et les bulletins de la Grande-Armée.
Cet ordre a appelé la foule des dignitaires, des
princes, des ambassadeurs et des fonctionnaires
campés dans Paris devenu trop étroit, dans Paris,
spectateur de cette chose unique dans les fastes
de la Gaule: le même toit abritant le Pape et
l'Empereur. Rome est dans Paris et la France
veille autour du Louvre.

C'est sur ce décor inouï et majestueux que
peut se lever la pourpre du grand rideau du
Sacre.

LIVRE II

Imperator Rex

I

La hantise de Charlemagne

Le bronze prisonnier de la colonne Vendôme atteste devant les générations la volonté de Napoléon de fonder la quatrième dynastie française, de restaurer l'empire latin établi par Charles le Grand et morcelé par les Barbares débordant les frontières des terres franques. Cette même volonté dicta le décret de Saint-Cloud rétablissant le maréchalat, car que sont les vingt-quatre grands officiers de l'Empire, sinon la même chose que les pairs de Charlemagne? Cela apparaît aux yeux de tous[1]. On loue Bonaparte de continuer la tradition romaine qui au Consulat fait succéder l'Empire des Césars. Désormais les mots *monarchie*, *royauté*, cèdent le pas. La République n'est point morte, *son*

---

1. *Mémoires de la duchesse d'Abrantès.*

gouvernement est confié à un Empereur déclare la Constitution. Querelle de mots dont Bonaparte triomphera bientôt par la prudence de sa politique.

Le nom, le règne, les fastes de Charlemagne le hantent. Tous conspirent à le flatter à cet égard. Au lendemain même de la motion de Curée au Tribunat, on parle de « faire couronner solennellement l'Empereur par le Pape, soit à Aix-la-Chapelle, ville chérie de Charlemagne, soit à Paris, soit à Lyon, mais de préférence à Aix-la-Chapelle où, au moyen âge, les rois d'Allemagne furent couronnés, pour recevoir ensuite à Rome, des mains du pape, la couronne de l'empire d'Occident[1] ».

L'encouragement vient d'ailleurs de haut. Le cardinal légat du pape, Caprara, écrira le 25 juin, à Talleyrand : « Elle (Sa Sainteté) s'en rapporte à Sa Majesté pour l'époque du couronnement. Elle osera seulement lui proposer, si cela lui convient, le jour même où Charlemagne reçut la couronne impériale, le 25 décembre, jour de la Nativité de Notre-Seigneur. Il paraît juste que le héros dont les vertus égalent celles de ce glorieux Empereur soit couronné le même jour et comme lui, par les mains du successeur de Saint-Pierre et du vicaire de Jésus-Christ. » Pie VII lui-même approuve donc la restauration de l'Empire latin. Alors surgit en l'esprit de Napoléon la pensée de se faire couronner

1. Augustin Theiner, *vol. cit.*

et sacrer aux lieux mêmes où dort la dépouille de l'empereur *à la barbe florie.*

Le 2 septembre, il est à Aix-la-Chapelle, ville vierge de tout sacre royal, de tout couronnement impérial. La rupture avec le passé monarchique est trop neuve encore pour qu'un seul instant on ait pu songer à Saint-Denis où Etienne II sacra Pépin le 24 juillet 734. Reims, *la mère et les délices du royaume,* est dédaignée aussi pour la même raison, Reims où cependant Charlemagne ordonna une des cérémonies de son quadruple sacre[1], mais à Reims Etienne IV a oint Louis le Bon et sa femme en 816; Charles le Simple y a ceint la couronne pour la seconde fois en 898; et, la Pucelle y a mené, bannière haute, Charles VII, l'Indolent. La France entière était hérissée de ces sanctuaires glorieux de la rencontre du Pape et du Roi. Troyes avait vu en 878 le sacre de Louis II par Jean VIII; en 1049, Léon IX, y avait prêché la croisade et présidé un concile; Clermont avait retenti en 1095 de l'appel d'Urbain II; à Paris, en 1147, Eugène III était venu, et saint Louis s'était, à Cluny, agenouillé aux pieds d'Innocent IV, en 1245. Marseille avait été en 1534 le rendez-vous de François Ier et de Clément VII; partout les doubles cortèges de la Foi et de la Puissance avaient évolué parmi des peuples en liesse, prosternés.

1. Charlemagne fut sacré roi des Francs à Reims et à Noyon, roi des Lombards à Pavie et empereur d'Occident à Rome.

Le tombeau de Charlemagne était resté exempt de ces pompes. Sur la pierre funéraire du Restaurateur dont il se voulait le continuateur, Bonaparte méditait son sacre et son couronnement.

A Aix, il rejoint Joséphine venue pour prendre les eaux sur le conseil de Corvisart[1]. Le 7 septembre, sans motif aucun, on chante un *Te Deum* à la cathédrale à laquelle Joséphine fera don en partant d'un orgue. Il visite la cathédrale en homme qui médite la cérémonie prochaine. Mentalement, il compare sa grandeur à celle de Notre-Dame. Il mesure l'espace et prend conseil du maître des cérémonies, Salmatoris. Ici son trône sera celui de Charlemagne, Charlemagne dont il évoque le grand fantôme immobile et pourri derrière la plaque de marbre noir du tombeau silencieux. Déjà il a projeté de se faire élever sur le pavois par les soldats comme Pharamond et Clovis. On a même frappé des médailles le représentant dans cette attitude. Ce sera le triomphe guerrier, le sacre de son glaive. C'est donc ici qu'il scellera sa volonté toute-puissante d'Empereur des Français dans le muet consentement de l'Empereur des Francs. On lui montre, roulé dans un parchemin[2], le bras momifié du fils de Pépin. Par son ordre, on consulte les formulaires relatifs au sacre:

1. On peut penser que ce conseil de Corvisart ne fut, en réalité, qu'un ordre déguisé de Napoléon.

2. Le parchemin portait l'inscription : *Brachium Sancti Caroli Magni.*

l'*Ordo ad regem faciendum* de l'abbaye de Saint-Remy de Reims; les relations d'Hincmar sur les sacres de Judith, fille de Charles le Chauve, d'Hermintrude, femme de Charles le Chauve, de Charles le Chauve et de Louis le Bègue; le manuscrit de Ratold, abbé de Corbie au dixième siècle, inscrit après le sacramentaire de saint Grégoire le Grand et commenté par Hugues Ménard; l'acte du couronnement de Philippe Ier; le cérémonial de Louis VII et de Louis VIII; le cérémonial romain d'après le Pontifical, le *Consecratio et coronatio regis Franciæ mil CCCCC et X.* de Guillaume Eustace; le *Sacre et couronnement de la Royne*, publié en 1530 par Guillaume Bochetel; la relation du sacre d'Henri III, imprimée à Reims par Jean de Foigny, en 1575; le *De sacris unctionibus libri tres, in quibus de sancta ampulla et Francorum regum consecratione diffuse tractatur*, donné par le doyen et théologal Hubert Meurier, de l'église de Reims, en 1593; *les cérémonies observées au sacre et couronnement du très chrétien et valeureux Henri IV, roi de France et de Navarre*, par Nicolas de Thou, évêque de Chartres; le *Cérémonial de France ou Description des cérémonies observées au couronnement des rois de France*, par Godefroy (1619); les *Raisons de l'office et cérémonies qui se font en l'Église catholique, ensemble les raisons des cérémonies du sacre de nos rois et les douze marques de leur royauté par-dessus tous les rois du monde*, imprimées à Rouen en 1625 par ordre de Claude Villette, chanoine de Saint-Marcel de Paris; les ouvrages de Jacques Leteneur, de dom Marlot, du chanoine le Maire, de l'évêque Legros, du curé Charles-Bouin-Regnault, de l'abbé de Camps de Signy, de Charles Huart, de Louis Vincent Goësman de Thune, de Pons Auguste Alletz, de Nicolas Gobet, de Morizot, cent autres formulaires, relations, encore, où M. de Ségur puisera les éléments du *Cérémonial* qu'il est chargé de rédiger. La grande couronne impériale de Charlemagne que Léon VI lui posa au front, servira au couronnement de Bonaparte. De même pour l'épée, l'illustre *Joyeuse* à poignée d'or et de pierreries, au fourreau de velours brodé d'or, la *Joyeuse* dont le Magne scellait ses traités avec le pommeau en les exécutant avec la pointe. Il portera la main de justice, et le sceptre de six pieds de haut qu'on réduira et que le bijoutier Odiot terminera par une petite statuette de Charlemagne. Les éperons seront d'or et l'anneau sera porté au quatrième doigt.

Dans le temps que Fesch négocie avec le Vatican tout semble donc décidé, fixé, établi. Mais le 13 septembre on apprend que Pie VII refuse de venir à Aix-la-Chapelle. L'entourage de Napoléon se demande la raison de ce refus? C'est que Pie VII veut « bien se rendre à Paris, mais point à Aix, pays protestant [1] ». Rien ne

---

1. Lettre de M. de Loë, président du Conseil général de la Roër à M. Wallau. (Papiers de famille publiés par M. Edouard Gachot, *le Correspondant*, novembre 1901.)

fléchira le Pape sur ce sujet. Napoléon d'ailleurs ne s'obstine pas. Le tombeau de Charlemagne ne verra point son couronnement, soit. Il choisit Paris et dès lors il tient sa revanche, revanche qui est en même temps la vengeance que réserve Bonaparte à toutes les tergiversations, à toutes les reculades successives et quelque peu humiliantes du Pape. Aix-la-Chapelle, tombeau du premier Empereur, c'était encore le sacre religieux dans toute sa splendeur, ordonné par la toute-puissance spirituelle du Pape. Paris sera désormais le lieu du sacre politique auquel Napoléon fera simplement figurer Pie VII. Cette désillusion que traduit le dépit, Bonaparte ne l'oubliera pas, et plus tard elle influera singulièrement sur les affaires religieuses de France et les rapports des Tuileries avec le Vatican. A l'instant même où elle le touche, Napoléon se pliera à la nécessité ainsi qu'il s'y est toujours plié, mais elle ne s'effacera point de sa mémoire. Jamais il n'admettra qu'il s'est trouvé quelqu'un pour contrarier sa volonté, car en lui-même il honore le culte de la puissance.

Tel que Bonaparte nous apparaît, on peut se demander quelles ont été ses pensées devant le sépulcre de celui que Rome acclama et salua du : « Vive Charles toujours auguste, grand et pacifique empereur des Romains; c'est Dieu qui le couronne par les mains de son vicaire, qu'il soit à jamais victorieux! » Ce Corse qui ne s'assimila jamais complètement à la race fran-

çaise, qui ne sut point toujours discipliner et
conformer au caractère national les ardeurs fou-
gueuses de son tempérament belliqueux, tâche,
à Aix-la-Chapelle, à renouer le fil brisé qui sépare de sa dynastie nouvelle la dynastie morte,
ici présente. Et le prodigieux n'est point de l'y
voir presque réussir, c'est de l'y voir songer.
Il y a dans la légende merveilleuse de cette vie
unique, des heures où véritablement l'homme
de Brumaire incarne le destin même de la
France. L'esprit positif et logique écarte ici
l'influence surnaturelle, quasi divine, et pourtant il semble guider le Destin, le soumettre à
sa volonté. Sa main, dirait-on, tient prisonnier
le vol des aigles conquérantes. Il commande
vraiment à tout et à tous. Sa puissance humilie.
Son heureuse fortune insulte aux rois et dès
ce jour il deviendra pour eux le danger perma-
nent; ils le mettront hors ce droit divin dont il
a consommé l'outrage en forçant le Pape à venir
sacrer en lui le vivant mépris de la Loi. Sa fortune apparaît prodigieuse; c'est pourquoi sa catastrophe aura quelque chose du châtiment sur-
naturel et c'est pourquoi son malheur deviendra
si pathétique et si émouvant. Tous les rois semblent se déclarer solidaires des Barbares qui
abattirent la Rome antique; Napoléon à Austerlitz venge l'injure qui éclaboussa le Capitole.
Le refus du Pape de venir à Aix-la-Chapelle
met quelque désordre dans son plan. Le 12 septembre, il quitte le sépulcre de Charlemagne,

part vers Mayence, passe à Cologne, va à
Trèves, s'arrête à Coblence. Moins d'un mois
après il est à Paris et le 12 octobre il fixe la
date de son sacre. Désormais il met dans l'histoire cette date unique jusqu'alors: le couronnement d'un Empereur à Paris.

SIGNATURE D'ÉLISA BONAPARTE.

II

L'Homme au laurier d'or

Le 11 frimaire, le jour, louche et blafard, se lève sur une neige opaque, qui n'a cessé de tomber toute la nuit. Un vent aigre, violent, qui coupe le visage, souffle. Le temps est affreux et le soleil s'est exilé de la fête qui se prépare dans Paris. Tardivement cependant on le verra apparaître, versant son éclat froid sur la ville en rumeur où piaffent les escortes et les cortèges. Peu de personnes conviées à la cérémonie de Notre-Dame ont dormi cette nuit. Une hâte fiévreuse, la petite angoisse des grands événements ont privé de sommeil ceux qui regardent avec tristesse se lever cette aube de dur hiver, dont parle Michelet, qui le connut. Dès deux heures du matin, les coiffeurs ont été à l'ouvrage pour édifier ces fragiles et charmants petits monuments si compliqués, où les plumes se mêlent aux pierreries et les fleurs aux turbans que le Consulat mit en honneur. Le jour hésitant aux vitres fait pâlir l'éclat

des flambeaux qui éclairent les ultimes essaya-
ges. Les Tuileries sont en rumeur. Chacun inaugure un nouveau costume et dans son galetas,
Roustan, Roustan lui-même se pavane et parade
dans un admirable et pompeux costume grec
à gilet de drap rouge brodé d'or que Chevalier,
le tailleur de l'Empereur, comptera 5 800 francs.

De la rue monte le bruit sourd, le bruit
d'une mer humaine, de la foule qui s'amasse. On
a loué des fenêtres, on a loué des balcons,

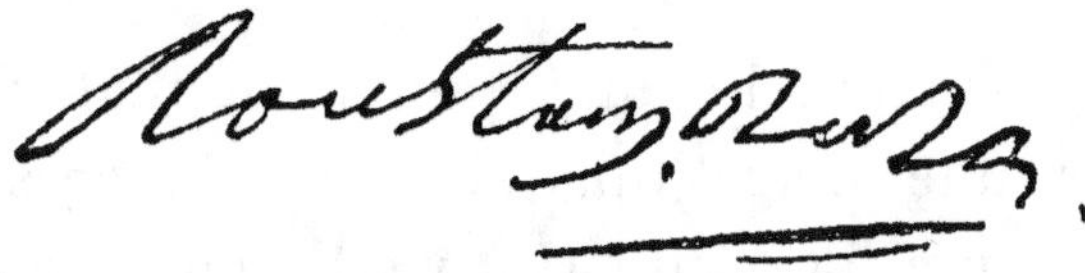

UNE DES RARES SIGNATURES DE ROUSTAN, LE MAMELUCK DE
L'EMPEREUR.

de 50 à 800 francs, pour voir défiler le cortège de « l'insidieuse farce du sacre d'un
brigand heureux[1] ». Paroles prophétiques prononcées en 1794! Combien, dans cette foule
pressée, en pensent ainsi? Mais on grelotte derrière les rangs de l'infanterie qui garde les trottoirs; on bat la semelle en s'exhortant à la
patience. Et c'est la première fois, depuis le
14 juillet 1789, que le peuple n'est pas maître de
la rue. Le parcours du cortège est gardé ainsi des
Tuileries au parvis de Notre-Dame: on sait que
la conspiration étrangère n'a pas désarmé. A
l'attente du cortège aboutit l'insomnie de Paris.

1. Le représentant du peuple Rühll à la Convention nationale.
Rapport sur le bris de la Sainte-Ampoule à Reims (1794).

Un homme pourtant a dormi paisiblement. Lui. L'Empereur.

Ce matin qu'il a attendu avec une impatience domptée, ce matin dont d'avance, à l'avènement de l'Empire, sa mère s'est désolée [1], ce matin que voici il se lève à huit heures. Il est dispos, alerte, prompt à badiner avec Constant. Il plaisante. Aux portes de l'appartement attend le service de la garde-robe. Mais il est mauvais acteur, il joue mal son nouveau rôle et oublie de se faire passer la chemise de belle batiste [2] par le grand chambellan, chargé de cet office en la circonstance. C'est Constant qui l'y aide. Mais voici qu'il devient nerveux, impatient. Ce n'est pas à la pensée de la pompe solennelle qui l'attend à Notre-Dame. Il n'en veut, en ce moment, qu'aux brodeurs, passementiers, tailleurs. Il a mis les bas de soie brodés en or avec les petites couronnes impériales au-dessus des coins. Constant a dû se hâter de lui chausser les brodequins de velours blanc à lacets dorés, car il piaffe, les doigts arrêtés aux boucles d'argent, aux boutons de diamant des jarretières de la culotte de velours blanc, elle aussi brodée d'or sur les coutures. Mais voici le dernier lacet noué « à la romaine » et Constant tend à Napoléon l'habit français de velours cramoisi à parements de velours blanc, fermé par devant jusqu'en bas, mais qui au col laisse bouillonner la

1. Lettre du cardinal Fesch à Napoléon, 20 messidor an XII.
2. *Mémoires de Constant*, premier valet de chambre de l'Empereur.

mousseline de la cravate. L'écharpe blanche, nouée à la ceinture, l'Empereur s'arrête un instant à considérer l'effet de l'ensemble. Il fronce le sourcil, recule devant la glace. Constant guette la louange. Napoléon ne dit rien. Au tour du manteau maintenant.

Au-dessus de la collerette de dentelles, on l'agrafe à l'épaule gauche qu'il couvre de sa pourpre doublée de satin blanc. Il s'attache sur la poitrine par une agrafe de diamants. Pendant qu'on l'habille, il marche de long en large et cause avec les dignitaires présents. Que dit-on? La foule est-elle compacte? Le Pape est-il parti? Acclame-t-on les escortes en marche vers les Tuileries?

On lui répond, on le renseigne. Il gourmande Constant. Le voici prêt.

— Au chapeau! commande-t-il.

On le lui tend. C'est une toque de velours noir où frissonnent deux aigrettes blanches. La ganse est de petits diamants réguliers où éclate par sa dimension le *Régent*. Du pommeau de l'épée du premier consul on l'a détaché. Dans ses mille facettes se réfléchit l'appartement où brûle le haut feu de bois crépitant. Mais parmi les splendeurs éparses et les ors du costume, cette splendeur d'eau limpide s'efface presque. Pour la faire participer à la gloire de ce triomphe, on a payé les trois millions[1] que les juifs

---

1. Note dictée par l'Empereur à M. de Las Cases à Sainte-Hélène.

de Berlin prêtèrent sur la pierre au Directoire. Le soir où lord Cornwalis, ambassadeur d'Angleterre, la vit briller au glaive de Bonaparte, son éclat attesta la gloire de cette épée remise au fourreau après la paix d'Amiens. Du poids de ses cent trente-six carats elle pèse aujourd'hui à la ganse du chapeau de l'Empereur. petit soleil innombrable, froid et immobile au-dessus de ce front que va ceindre le laurier d'or des Césars.

Ce sera le regret de l'Empereur que de ne pouvoir descendre les marches vers le carrosse du sacre avec au front, le « cercle radieux entouré des feuilles des plantes nécessaires à la vie[1]. » Rue Saint-Honoré 283, au *Singe Vert*, chez Biennais, on s'est écrasé pour l'admirer entre la main de justice et le globe en vermeil[2]. Sous sa courbe légère on a évoqué le masque de l'Empereur César, plus noble, plus impérieux. de cette simplicité émouvante dont Rome cette fois encore lui fournit le motif.

Cependant l'heure s'avance. L'Impératrice attend.

Un ordre bref est donné. Sur les pavés secs on entend piaffer les chevaux de l'escorte. La cour est pleine d'uniformes. C'est un énorme éclat d'ors, d'argents, de cuivres et de pourpres, vaste flot houleux, chamarré, que domine la lourde

1. Plache, *Histoire du ciel.*
2. La facture de Biennais s'éleva à 36 312 francs. (Archives nationales, O^2 35.)

couronne impériale que les quatre aigles
éployées dressent sur la toiture du carrosse.
Dans les minutes de silence, on entend passer le
souffle grondant de la foule impatiente, de la
foule qui veut son spectacle. On se décide, et
par les appartements le cortège se met en marche. Dignitaires, chambellans, pages, maréchaux
et princes, un instant confondus, se précipitent.
Mais l'ordre revient bientôt. Chacun prend son
rang, militairement; la discipline triomphe, car
c'est un guerrier que l'on mène à son sacre,
et c'est pour lui, qu'au loin, tonnent les artilleries et grondent les canons.

En avant du vaste troupeau éclatant et étin-
celant, derrière les huissiers à masse de vermeil, on le voit marcher, drapé dans son·manteau
court, la poitrine lumineuse de tous les diamants du collier de la Légion d'honneur. Démarche lente et égale de celui qui va monter
au trône qu'il sut se gagner, calme du maître
à l'heure de son triomphe absolu. Et alors ceux
qui le regardent passer, qui cassent l'échine devant lui, reconnaissent véritablement en l'homme qui s'avance « celuy auquel le royaume doit
appartenir [1]. »

---

1. « Gentil roy, lui dit-elle, tombant aux genoux du roy de
France, et plorant à cauldes larmes, ores est exécuté le plaisir
de Dieu, qui voulait que vous vinssiez à Reims recevoir votre
digne sacre, en montrant que vous êtes vray roy et celuy auquel
le royaume doit appartenir. » *Chronique de la Pucelle*, t. VIII,
p. 206, 207 et suivantes.

LES COSTUMES DU SACRE.

(Par Isabey.)

I. — L'EMPEREUR.

III

La Créole sous la pourpre

En Joséphine, le destin de Napoléon a couronné le charme languissant, la mélancolie capricieuse de la créole. Mme de Rémusat nous l'a montrée éperdue de joie, trépidante de bonheur à la veille du sacre. Dans cette cour enivrée d'une gloire si prompte, seule, la mère de Napoléon devait s'envelopper des voiles d'un deuil prophétique et prématuré.

Bonaparte amoureux de Joséphine, c'est un coin de la vie de l'Empereur qui paraît toujours neuf parce que si imprévu! Amoureux, cet homme l'a été de celle avec qui il édifia son foyer et sa fortune. Il crut en elle comme en son étoile, et le hasard conspira pour elle jusqu'au jour où elle fut la répudiée, la condamnée de la politique, corps étendu, palpitant, brisé, sur la première marche que descend Napoléon vers le malheur et l'exil. Dans la salve de vingt et un coups de canon qui salue l'aurore du sacre,

chante quelque chose de sa fortune triomphante.
Car mieux encore que du Destin contraire elle
a triomphé de Napoléon — victoire facile sans
doute — et de sa famille ennemie — triomphe
plus certain et plus méritoire à la fois. Déjà
nous avons montré Joséphine aux prises avec les
Bonaparte. Ce jour atteste sa victoire — momen-
tanée — sur eux.

C'est d'elle-même aussi qu'elle triomphe. La
voici à sa quarante-troisième année, au moment où la femme, comme un beau fruit mûr,
penche, lourde un peu déjà. Elle a aux tempes
les premières rides, les rides légères qui bientôt
se creuseront, élargiront leur griffe vers ce beau
front que brûlèrent autrefois les lèvres ardentes
de Barras. Et voyez: elle semble aujourd'hui
« n'avoir que vingt-cinq ans[1]! » C'est une
femme, donc une ennemie, qui lui rendra cet
hommage et c'est le cri de la vérité. Dans la
joie elle s'est trempée; la voici sortant rajeu-
nie des fraîches eaux de la fontaine de Jou-
vence, digne de l'époux qui va la couronner.
Pour lui, elle demeure l'Amour, la Femme, la
Volupté. Il n'a point encore perdu le souvenir de
leur nuit de noces dans le petit hôtel de la rue
Chantereine, dans la chambre ottomane où le
petit chien familier dormait sur la courtepointe
de soie jonquille. Pourtant, cette nuit fiévreuse
où il a tenu dans ses maigres bras Joséphine,

---

1. *Mémoires de Mme de Rémusat.*

pâmée et abandonnée, il l'oubliera un jour pour celle qui deviendra « en France un objet de détestation et dans le monde entier un objet de mépris[1] », celle pour qui il jettera, dans son testament, un si poignant et déchirant adieu d'amour et qui, de Parme à Vienne, traînera ses bâtards, son singe et son amant.

Cependant, ô tristesses futures, la joie de Joséphine ne vous rachète-t-elle pas d'avance en cette heure? Cette journée consolera son exil à la Malmaison, et le plus beau des soleils de messidor, sous les larges et mouvants ombrages du parc, ne lui vaudra pas le pâle éclat de ce soleil de frimaire qui, par les verrières de Notre-Dame, alluma les ors de son diadème.

La fatalité clémente lui épargnera l'agonie de Bonaparte; elle mourra au déclin d'une gloire dont elle vit le faîte.

Ce matin, elle est tout sourire. Dans sa robe de satin blanc où des fleurs d'or et d'argent mêlent leurs pétales brodés, elle semble un grand lis vivant au milieu du parterre des princesses et des dames d'honneur qui s'empressent autour d'elle. Faite pour le luxe, aucune richesse ne lui pèse. Tout lui va à merveille et pour la parer rien ne coûtera à Napoléon. Le prix énorme demandé par Marguerite[2], le joaillier

---

1. Frédéric Masson, *l'Impératrice Marie-Louise*, introduction III.

2. Marguerite (*Au vase d'Or*, rue Saint-Honoré) réclama 15 000 francs pour la « façon seule du diadème de l'impératrice ».

pour la façon du diadème, ne lui semble pas exagéré. Pour Joséphine il paye sans compter, mais cela même ne suffit pas, et plus tard Fouché[1] se vantera — avec raison — de lui avoir fourni de quoi apaiser des modistes, des marchandes d'étoffes turques et autres vendeuses de nouveautés, au creuset desquelles fondait l'or, à la fois abondant et avare, alloué par Bonaparte à la maison de l'Impératrice. La voici ornée de perles pour plus d'un million. Que dire après cela des diamants dont elle resplendit sous les mille boucles et bouclettes dont elle est coiffée comme au temps de Louis XIV[2]? Dans cette cour nouvelle, peu de femmes peuvent rivaliser avec elle. A sa grâce naturelle, elle ajoute la majesté de l'Impératrice, mieux que cela, la gloire d'être Madame Bonaparte. Elle participe au triomphe civique du maître que la France se donne et qui s'est imposé à elle. Comme une reine conquérante qui traîne à son char des esclaves vaincues, elle est suivie des princesses Elisa, Pauline et Caroline, sœurs de l'Empereur, et des princesses Joseph et Louis. Leurs mains révoltées soutiennent le manteau dont elle se pare. Et ne peut-elle pas sourire de ce mensonge complaisant et bénévole du *Cérémonial*, la créole devenue souveraine d'un pays qui lui est étranger, maîtresse d'un peuple qui de la *Car-*

1. *Les Mémoires de J. Fouché, duc d'Otrante*. Bruxelles, 1824, 2 volumes in-18. Tarlier, libraire, rue de l'Empereur; Paris, Le Rouge, éditeur.
2. *Mémoires de Mme de Rémusat.*

magnole et du *Ça ira* avait souffleté la tête blême et coupée de ce Beauharnais qui, avec l'abbé Sieyès attelé à la même charrue[1], avait labouré le Champ-de-Mars?

Les manteaux blancs, verts, ponceau, roses ou bleus, à broderies d'argent des dames de la cour contribuent à rehausser la sobre splendeur de l'Impératrice.

Chacune de ces toilettes a coûté, au moins, les 10 000 francs accordés par l'Empereur. Leur somptuosité égale certainement celle des princesses en robes de satin blanc brodées d'or et de pierreries, à longues manches et à haut décolleté. Le prix de tous ces fichus « à la Cyrus » ou chérusques de blonde chenillée, de manteaux nommés « queues de cour » ou encore « bas de robe » sauverait cinq départements de la famine. Mais il faut qu'on sache que l'Empire, c'est la prospérité, le luxe, l'abondance; et sur ce point Bourrienne a raison[2], lui qui se pique

1. Sébastien Mercier, *Nouveau Paris*.

2. Sur ce point... « Peut-on croire désormais aux *Mémoires* dits de Bourrienne? Non : mais il faut les lire, et en les lisant avec précaution, on y trouvera quelquefois à prendre et à apprendre. Bourrienne a dû, puisqu'il fut payé, fournir, outre son nom, quelques pièces originales, et l'adroit et intelligent Villemarest * a, de son côté, recueilli des documents authentiques. » M. Chuque. (*Brienne*, p. 385). « Les *Mémoires* de Bourrienne me semblent une trahison domestique. Il fut renvoyé pour avoir vendu le crédit du premier Consul. » Lettre de Stendhal à M. Alphonse Gonsolin, Paris, 10 février 1829. La lettre est signée Cotonet, un des soixante-deux pseudonymes de Stendhal.

* Villemarest, secrétaire particulier du prince Camille Borghèse, deuxième époux de Pauline Bonaparte, écrivit, arrangea et publia les *Mémoires* attribués à Bourrienne.

d'inexactitude, d'affirmer la joie de la classe commerçante[1]. Et, dans l'acclamation qui allait saluer Napoléon, dominait la voix des boutiquiers échappés à la Terreur et à la « diplomatie acerbe » de la Convention. Parée, avec le consentement de Napoléon et de la France, de ce luxe énorme et seyant, Joséphine apparaissait.

Depuis Marie-Antoinette, la déesse Raison et la femme Tallien, aucune souveraine n'avait souri au peuple de Paris. Ce sourire de Joséphine rallia aux aigles les jacobins hésitants. Le charme langoureux qui avait opéré sur Bonaparte, opérait sur le peuple. Il y eut, ce matin-là, la tacite et muette réconciliation de l'autocratie naissante avec la démagogie domptée, serrée à la gorge le 18 brumaire. Et pourtant ce même peuple avait, dans ces mêmes rues, vu passer, en vendémiaire, la charrette cahotée où ployait, cheveux ras, mi-aveugle, poings liés, la dernière reine de France, étrangère elle aussi à ce pays, à cette race qui saluait une autre étrangère, favorite du maître qui la faisait complice de sa fortune.

Le cortège de Napoléon ayant rejoint celui de Joséphine, le carrosse doré avança. Et tandis que le marchepied s'écartait devant eux, le bourdon de Notre-Dame, grave et sonore, s'éveillait majestueusement au-dessus de Paris attendant ses idoles.

1. *Mémoires de Bourrienne sur Napoléon*, t. VI, p. 234.

IV

Les Étapes du Sacre

Au coup de neuf heures, la foule jeta son
premier : — Le voilà !

Ce *voilà !* avait, le 21 janvier 1793, salué l'arrivée de la berline de Louis XVI, place de la Concorde, il avait accueilli dix-neuf ans plus tôt
le carrosse retour de Versailles. Alors, comme
aujourd'hui, Paris voulait sa part de spectacle.

A peine ce cri : « Le voilà ! » poussé, on vit
arriver, au pas, descendant du Pavillon de Flore,
un cortège de dix voitures qu'entourait le piaf-
fement de quatre escadrons de dragons commandés par Caulaincourt. La seconde voiture
de ce cortège présageait heureusement des splendeurs de celui qu'on attendait avec une double
impatience. Sur cette voiture, quatre anges de
rés, ailes ouvertes, supportaient la tiare ponti-
ficale, énorme joyau de bronze doré qui, aperçu

de loin, fit reconnaître le cortège de Pie VII.
Lentement il s'avançait sur le sable jeté à la hâte
par les balayeurs, entre la double haie de soldats
présentant les armes. Quand le premier escadron de l'escorte fut passé, on vit sourire la
foule, puis, irrespectueuse, gouailleuse, elle
éclata de rire au spectacle de Speroni, porte-
croix du pape, hissé sur une mule rétive. Ce
n'étaient pas des rires qui avaient accueilli l'entrée du Christ sur l'ânesse, dans Hierosolyma
aux pavés jonchés de palmes! Speroni, avec
sa croix de vermeil — qu'il faillit égarer au
passage du mont Cenis — serrait peureusement
des genoux les flancs de sa bête paisible. Il
passa. Les rires s'éteignirent, les sourires s'ef-
facèrent. Alors, devant la foule où d'aucuns tom-
bèrent à genoux, passa le carrosse monumental
traîné par huit chevaux gris pommelés, aux
carapaçons d'or. Derrière le cocher en perruque,
six pages de l'Empereur, immobiles, croisaient
les bras. Les regards cherchèrent le Pape derrière les vitres de la voiture. On vit un maigre
vieillard, en robe de moine blanche recouverte
d'un surplis de mousseline garni de dentelles,
bénissant d'une main transparente, pâle et lasse.
Sur les cheveux noirs la calotte de laine mettait
sa blancheur. Les lèvres étaient minces, exsan-
gues, serrées. La main pâle se leva, s'abaissa.
On vit encore le cardinal Antonelli dans sa
pourpre et le secrétaire des brefs, Honesti, avec
son rochet, puis ce fut tout. La splendeur blan-

che dans le carrosse triomphal s'éteignit et les regards s'accrochèrent aux livrées d'or des quatre domestiques de la maison impériale hissés à l'arrière-train de la voiture. C'était donc là l'homme dont la venue à Paris laissait l'Europe surprise et jalouse[1] ? Pâle fantôme de la Papauté qui venait au sein de l'Empire, suivant l'ancien droit, consacrer Napoléon « non pour le faire roi, mais parce qu'il était roi[2] » ? Dans la pompe guerrière de ce cortège éclatant, il imposait la sévère majesté de sa pauvreté symbolique, écrasé, aurait-on cru, sous le poids de la lourde tiare qui pesait au faîte du carrosse.

Les Italiens, rusés, avisés, souples, de sa suite, emplissaient les neuf autres voitures, avec les dignitaires mis à leur service. Leurs faces curieuses penchées aux portières considéraient avidement le spectacle de ce Paris, foyer éteint de l'anarchie de 93. Des fenêtres tombaient des guirlandes de lierre, de fleurs de papier multicolores, innombrables ; des tapis, des festons, des draperies. Décorations semblables à celles des joyeuses entrées des rois de jadis, revenant de leur sacre de Saint-Denis. C'était un Paris désormais dompté, bridé, qui s'écrasait derrière les haies guerrières pour s'agenouiller au passage du Pape.

Et à la fête inespérée de ce dimanche du sacre,

---

1. **A.** Thiers, *Histoire du Consulat et de l'Empire*, t. V, p. 225.
2. L'abbé Quéant, *vol. cit.*

on s'était précipité. Mais ce cortège n'était que le prologue; celui qu'on attendait depuis l'aube, dans la neige et dans le vent, c'était celui de l'Empereur. Alors on prit patience.

Un autre vieillard de quatre-vingts années, le cardinal du Belloy, attendait au parvis de Notre-Dame le vieillard de Rome. Après un court repos à l'Archevêché, par la galerie tendue de tapisseries menant à la basilique, le cortège du Pape fit son entrée dans le temple où la Montagne avait salué, mi-nue, le bonnet rouge sur la pique, la danseuse Maillard.

Le tonnerre des orgues éclata dans l'acclamation du: *Tu es Petrus.* Les deux orchestres à quatre chœurs, dirigés par Persuis et par Rey, saluèrent l'homme porteur des clefs symboliques. Précédée du chanoine de Saint-Pierre, Vaschi, tenant la mitre, de Mgr Testa, chargé du grémial, et de l'abbé Salmon, portant la croix, la haute silhouette blanche de cinq pieds, six pouces, marcha vers la gauche de l'autel où s'élevait son trône, exhaussé de onze marches. Parmi les dorures des attributs pontificaux elle s'assit, et, lentement, son regard erra sur la basilique.

Tandis que se prosternaient aux pieds du trône, les pourpres cardinalices et rochets épiscopaux des soixante[1] prélats de l'Église fran-

---

1. C'est le chiffre que donne Thiers. Le comte Lavalette, dans ses *Mémoires et Souvenirs,* écrit cependant : « ... plus de cent prélats français ».

çaise, le Pape considérait ces vieilles voûtes d'où tombait, immobile et majestueuse, la coulée soyeuse des velours semés d'abeilles d'or, garnis de galons et des armoiries de l'Empire. Au fond de la nef, son regard pouvait discerner, dressé au haut de vingt-quatre marches, sous un arc de triomphe soutenu par huit colonnes, le petit trône timbré de l'N ; trônes jumeaux où allaient prendre place ceux qu'il sacrerait parmi l'acclamation française. Dans le chœur, il voyait les gradins chargés de prélats ; dans le pourtour, les tribunes garnies des princesses, des princes, des maréchaux, et, troupeau parqué derrière les piliers de pierre grise, les membres du Tribunat, du Corps législatif, du Sénat, du Conseil d'Etat, les juges, les maires des villes de France, les rouages obscurs, anonymes, dévoués, de la grande machine impériale mise en marche ce jour. La lueur des vingt-quatre lustres[1] suspendus à la voûte descendait atténuée, tiède, sur les soieries et les velours. Le grand et lourd silence tombé à l'entrée du Pape se déchira. Cette houle de têtes ondula. On chercha des visages illustres et les regards, dans une tribune spéciale, allèrent admirer la crinière rouge de Ney, la lourde face massive d'Augereau, l'élégance de Lannes, la morne immobilité presque tragique de Jourdan, maréchaux exilés ou oubliés du cortège qui allait porter les « hon-

1. M. de Ségur, *Rapport sur la cérémonie du couronnement de Leurs Majestés.*

neurs » du nouvel empereur. Des gloires guerrières, on alla aux gloires aristocratiques. Elles
étaient là confondues, mêlées, les princes de
Hesse-Darmstadt, de Lœweinstein, de Baden,
de Hesse-Hombourg, de Nassau-Weilbourg, de
Lœweinstein-Wertheim, de Solm-Lich, d'Issem-
bourg, le prince Borghèse, le margrave de Bade,
satellites de l'astre levant.

Le regard du Pape se détourna et à l'autel
il chercha les sept flammes du candélabre doré
ravi dans la cathédrale de Milan. Ces lèvres
muettes tremblèrent alors — sous quelle prière?
Quels vœux divins appelèrent-elles sur la tête auguste promise à la couronne des Francs, sur cet
« empereur au dedans de l'Eglise, mais non
point au-dessus d'elle », sur ce « bon empereur
cherchant le secours de l'Eglise mais ne le re-
jetant point[1]? » Dans l'énorme bourdonnement
de la métropole envahie, le vieillard pria et
l'heure coula. Le masque de la fatigue s'accro-
cha à ce visage; les épaules de ce pontife, levé
à cinq heures du matin, se courbèrent. Mais
il se raidit, immobile, rêveur, les yeux lumineux
de toutes les flammes éparses autour de lui.

Et, silencieux, le Pape attendit l'Empereur.

DEUXIÈME HEURE

Dans la sonnerie des cloches, le fracas des
cinq cents tambours rassemblés au delà du par-

---

1. Saint-Augustin, épit. 21, *In serm. contr. Auxent.*, n° 36.

vis, avec l'écho des artilleries multipliées au loin, il arriva.

Le cortège, parti des Tuileries à dix heures moins cinq, avait pris par le Carrousel et la rue Saint-Nicaise, mais ce ne fut que rue Saint-Honoré et rue du Roule qu'il put déployer toute la magnificence dont l'Empereur voulait éblouir son peuple.

Au pas, majestueusement lent, triomphal dans cette presque immobilité, on voit s'avancer, au-devant de son état-major de huit escadrons de cuirassiers, de huit escadrons de carabiniers, des escadrons de chasseurs de la garde mêlés aux mamelucks revêtus d'une splendeur tout orientale, une manière de tambour-major à cheval. brun, joli, mâle, aux belles moustaches, empanaché, le bâton de maréchal appuyé sur la cuisse. C'est Murat. En tête du cortège, il cavalcade sous le feu de mille et mille regards admiratifs. Quand cette force en armes est passée. viennent les hérauts à cheval, ceux-là qui le lendemain jetteront à la foule les médailles où le juge et le guerrier élèvent le César sur le pavois. Et alors roulent, glissent, devrait-on dire, les dix premières voitures des vingt-quatre qui composent le cortège. Six chevaux piaffent devant chacune d'elles, sous des harnais cloutés d'or. brides pourpres semées de petites aigles dorées. C'est le défilé des grands officiers militaires, des ministres, de l'archichancelier Cambacérès. de l'architrésorier, figurants du triomphe impérial.

Les doigts curieux désignent ces faces glabres
à la mode antique, ces têtes osseuses, rudes ou
aristocratiques, raides au-dessus des hausse-cols
brodés; ces poitrines cuirassées de vert, de pourpre, étoilées de la croix de la cohorte de la Légion d'honneur, plaquées des grands aigles d'or
des grades suprêmes. Puis c'est la voiture des
princesses qui précède immédiatement le grand
carrosse majestueux. Les brides serrées, les rênes tendues, Germain César, le cocher du 3 nivôse, fait avancer les huit chevaux couleur
isabelle à petits pas. Les belles bêtes nerveuses,
harmonieuses, élégantes, semblent à peine poser
le sabot sur le sable du pavé. Germain César
semble les mener à la danse, tant il prend soin
d'égaliser leur allure. Alors on voit le carrosse.
C'est un reliquaire, c'est une châsse; tout est
doré, tout est resplendissant. Les panneaux sont
d'admirables glaces taillées. Sur la toiture, les
quatre aigles se cambrent sous la grande couronne impériale. Percier, qui dessina le modèle
de la voiture, et Getting, le carrossier à la mode,
de la rue de Provence, qui l'exécuta. recueillent
tous les suffrages. Les acclamations éclatent.
Derrière les glaces on voit, statues immobiles,
un peu pâles, l'Empereur et l'Impératrice, assis
au fond, Joseph et Louis, assis sur le devant;
Joseph devant Napoléon, Louis devant la créole.
Le costume de Louis émerveille et étonne. Tout
de velours bleu, il offre des broderies d'or sur
toutes les coutures. D'or aussi est l'étoffe de la

LES COSTUMES DU SACRE.
(Par Isabey.)
II. — L'IMPÉRATRICE.

ceinture qui supporte l'épée. Le chapeau est noir, de feutre souple, à grandes plumes blanches; le retroussis maintenu par un bouton d'or massif. On reconnaît le costume de connétable. Parmi son escorte de colonels-généraux paradant aux portières, avec ses seize pages à l'avant et à l'arrière, la voiture s'éloigne et le cortège continue de dérouler ses magnificences par les rues. On franchit le Pont-Neuf, le quai des Orfèvres. Les voitures se succèdent, ce sont celles du grand veneur, du grand aumônier, du grand maréchal du palais; de la dame d'honneur, de la dame d'atours, du premier chambellan et du premier écuyer de l'Impératrice; les quatre voitures des officiers des princes et des dames des princesses que suivent les escadrons des grenadiers de la garde et des gendarmes d'élite.

On a dépassé la rue Saint-Louis, la rue du Marché-Neuf et on débouche place du Parvis. Il est onze heures vingt-cinq. Les tambours battent leur ban grondant et tumultueux.

Ce n'est plus Notre-Dame, c'est une cathédrale de théâtre. Jusqu'à la hauteur de sa première galerie elle disparaît sous une décoration éclatante où les drapeaux des seize cohortes de la Légion d'honneur se mêlent aux trophées militaires. Les ogives des arcs gothiques s'élancent drapées de flammes tricolores. La voûte de ce portique est drapée d'étoffe bleue semée d'étoiles d'or. A gauche, il se termine par une tourelle où s'éploie un aigle d'or. De même à droite; et, au fronton, s'érigent deux statues colossales, sceptre en main: Clovis et Charlemagne. C'est devant ces deux formidables témoins de la monarchie franque que roule le carrosse. Elles sont là, ces statues monumentales, pour attester une fois encore, une fois de plus, la restauration de l'Empire par Napoléon le Grand. Le Formulaire de Louis le Jeune a attribué aux pairs les fonctions d'honneur. Napoléon a reconstitué l'ordre des pairs. Ses maréchaux sont là, porteurs des honneurs ramenés d'Aix-la-Chapelle et de Saint-Denis.

Sur les colonnes de ces portiques flamboient les noms des trente-six grandes villes de l'empire: Rouen, Metz, Versailles, Tours, Caen, Rennes, Nantes, Alexandrie [1], Genève, Bruxelles, Mayence, Anvers, Clermont, Tours, Gand, Besançon, Bourges, Lille, Grenoble, Toulouse. Nancy, Dijon, Paris, Blois, Liége, la Rochelle. Nice, Strasbourg, Aix-la-Chapelle, Marseille. Bordeaux, Lyon, Orléans, Amiens, Angers, Montpellier. Ces noms disent, jusqu'à quelles rives lointaines et étrangères s'étend la puissance du glaive souverain du nouveau Charlemagne.

L'air est tout frissonnant de drapeaux. Partout leurs soies se gonflent au vent âpre et sec de frimaire et tout en haut des tours de Notre-Dame

---

1. Alexandrie d'Italie (Piémont).

on voit onduler le large étendard tricolore de la
fête impériale.

Au portail, dans cette décoration pompeuse
de théâtre, paraît l'énorme troupeau des pourpres ployées. Les cardinaux de l'empire viennent à la rencontre de l'Empereur. Précédant
les quarante évêques, il y a Fesch, de Lyon;
du Belloy, de Paris; Cambacérès, de Rouen;
Roquelaure, de Malines; Champion-Cicé, d'Aix;
Dubois de Sanzay, de Bordeaux; Mercy de
Bourges; Fontanges, d'Autun; Lecoz, de Besançon; Lacombe, d'Angoulême; Saurine, de Strasbourg, et Rémon, de Dijon[1].

Mais la voiture impériale oblique brusquement; les piqueurs ont pris la tête des chevaux,
les menant, par la rue du Cloître, jusqu'à la
porte de l'Archevêché. Là, l'Empereur revêtira
le pesant manteau du sacre; là, il jettera au
loin sa toque de velours pour ceindre avec une
joie si impatiemment attendue, le laurier d'or
des Césars qui fera qu'on s'écriera à son aspect:

— C'est une médaille antique!

Rien ne peut mieux flatter son orgueil et son
amour de la Rome impériale. La grande vague

---

1. « Lecoz, de Besançon, homme de parti dans tous les temps.
« Lacombe, d'Angoulême, tête souverainement exaltée.
« Saurine, de Strasbourg, assez brave homme, mais un peu vif.
« Rémond, de Dijon, qui vraiment ne garde ni les convenances
ni les mesures de son état. »
† Al. évêque d'Orléans (Mgr Bernier). Lettre à M. de Talleyrand,
19 messidor an XII.

de la pourpre cardinalice refluée du portail
à l'Archevêché, s'arrêtera au seuil de la pièce
tendue de Gobelins, où Napoléon se fait accro-
cher aux épaules la lourde pourpre du sacre.
Le sceptre et la main de justice sont là, qui l'attendent. Tout est prêt. Il commande au cortège
comme il commande aux armées. A son ordre
bref et impérieux, que tous attendent en silence,
on se met en marche. M. de Ségur, maître des
cérémonies, frappe le tapis de sa canne d'ébène
cloutée d'aigles. Et les soies ondulent, les velours
traînent. Il est midi dix. Et le soleil se lève[1].

TROISIÈME HEURE

L'assistance debout voit s'avancer ceci[2] :

Par quatre de front, la masse sur l'épaule,
marchent les huissiers. Les hérauts d'armes
suivent, deux par deux. Leur chef marche seul.
Derrière lui la cohorte des pages, par quatre
de front, petit cortège de jeunesse claire parmi
ce grand cortège d'or et de pourpre. Les aides
et les maîtres des cérémonies, précèdent leur
grand maître, M. de Ségur en habit violet à bro-

---

1. « Par une sorte de protection spéciale accordée par Dieu
à Napoléon, ainsi qu'on a pu le remarquer dans une foule de circonstances, le ciel prit tout à coup un aspect moins sévère. »
Mémoires de la duchesse d'Abrantès.

2. **Nous** donnons le cortège dans l'ordre indiqué dans les instructions spéciales de M. de Ségur, qui le régla, et dans le *Cérémonial relatif au sacre et au couronnement de Leurs Majestés
Impériales.* Frimaire, an XIII, Imprimerie Impériale, 192 pages
in-4.

deries d'argent. Alors, haute statue guerrière courbée sous une besogne féminine, encadré du général Gardanne, à gauche et du colonel Fouler à droite, s'avance le maréchal Sérurier, grand-aigle de la Légion d'honneur, le porteur des vingt-deux étendards conquis sur les Autrichiens et remis au Directoire, le probe et honnête Sérurier, porteur aujourd'hui, sur un coussin de pourpre, de l'anneau de la créole. Hercules précédant le triomphe d'une dérisoire et langoureuse Omphale, voici Moncey, avec la corbeille qui doit recevoir le manteau de l'Impératrice, accompagné, à gauche du colonel Vatier, à droite, du chambellan de Beaumant; voici le grand amiral de France, le chef de la douzième cohorte, Murat, portant la couronne de l'Impératrice. Sous un globe d'or où est fichée la croix, quatre branches de feuilles de palmier et quatre branches de feuilles de myrte se réunissent. Huit émeraudes énormes gemment le cordon de la couronne, et des améthystes sont incrustées dans le bandeau qui reposera sur le front. A la gauche de Murat marche M. d'Hanencourt, à droite, dressant sa taille svelte, processionne M. le chambellan d'Aubusson.

Un pas léger, furtif, hésitant, glisse sur les tapis. Des tribunes, on se penche pour voir passer l'Impératrice, ployée sous son manteau que, rebelles, révoltées, soutiennent les princesses. Elle avance ainsi entre son premier chambellan et son premier écuyer que le *Céré-*

monial fait cependant reculer à la hauteur des premières princesses porteuses des pans du manteau. Mais ces porteuses ont elles-mêmes leur manteau soutenu par un officier de leur maison, et sont suivies de la dame d'honneur, de la dame d'atours et des dames du palais.

Voici passée la première partie du cortège. Ce n'est que la Favorite dont la grâce brune, souriante et penchée, efface un peu la pompe majestueuse et processionnelle.

Enveloppé du vol tourbillonnant de leurs victoires fameuses, s'avance le groupe des maréchaux de floréal. A côté de Kellermann, porteur de la couronne de Charlemagne, flotte l'ombre laurée de Valmy, vainqueur à qui le *Cérémonial* donne pour cour le colonel Defrance, qui marche à sa gauche, et le chambellan Talleyrand, qui marche à sa droite. Spectacle unique ! le général jacobin, le « foudroyeur des tyrans », portant la couronne impériale ! C'est Pérignon, au profil d'oiseau de proie, le Pérignon d'Escola et de Novi, l'ancien ambassadeur, qui porte le sceptre de Charlemagne. Lefebvre tient l'épée du Franc et Bernadotte promène le collier. Le premier est accompagné de M. Darberg et du colonel Lebrun ; le second, du colonel Fontanelli et du colonel Lefebvre, et le dernier de M. de Luçay et du général Rapp. L'anneau repose sur le coussin que porte au poing le colonel-général Beauharnais. Le général Savary et M. Destève suivent, précédant Berthier à qui le globe impérial a été confié. Entre Lemarrois et Caffarelli, il le hisse comme un ostensoir où tremblent tous les ors épars des lumières flambantes. Lauriston et M. de Rémusat accompagnent le grand chambellan chargé de la corbeille destinée à recevoir le manteau du sacre. A cet instant, le silence se suspend sur cette foule.

Le Maître s'avance. Seul. Calme. Lent.

Ses épaules robustes soutiennent les quatre-vingts livres que pèse le manteau de velours de soie amarante. Dans les plis que portent Louis, Joseph, **Talleyrand**, Cambacérès, Lebrun et Harville, frissonnent les abeilles d'or brodées en bosses, les actives travailleuses, les diligentes ouvrières, le plus beau symbole de l'Empire. Pressées, confuses, innombrables, elles paillettent l'étoffe somptueuse, elles se cachent aux plis, bombent leurs carapaces d'or sur les retombées du velours et elles animent la pourpre impériale tout entière d'un vaste bourdonnement. Une vie miraculeuse et surnaturelle semble les faire vibrer. Est-ce la magie des lumières, l'éclat des hautes cires pâles et des lampadaires d'or?

Sous ce manteau doublé d'hermine, d'une longueur de cinq mètres et d'une largeur double, vivante statue de pourpre, l'Empereur marche, heurtant du pied les torsades d'or qui pendent sur la poitrine et descendent jusqu'au tapis. De la main gauche, il tient le sceptre fait par

Odiot en argent massif. Autour de la hampe s'enroulent les anneaux d'or d'un serpent, emblème de la prudence, et le sceptre se termine par l'image de Charlemagne couronné, symbole cher au cœur de Napoléon. La main droite serre la main de Justice exécutée par Biennais. Les cinq doigts de cette main sont allongés, par là le symbole de la Sainte-Trinité autrefois attesté par les deux doigts repliés, disparaît.

Quand l'homme au front ceint de laurier est passé, achèvent de défiler le grand écuyer, les deux colonels-généraux de la garde, le grand maréchal, tous quatre de front; les autres colonels-généraux, les ministres, quatre par quatre, les grands officiers militaires, les autres dignitaires. Ainsi la nef est franchie et l'eau bénite est offerte par du Belloy et Cambacérès, cardinaux.

Le souffle grondant des orgues, des musiques, passe dans la métropole. Les trois cents musiciens de Lesueur, Laïs, premier chanteur de Sa Majesté, Kreutzer et Baillot, ses premiers violons, la musique militaire, les chanteurs de l'Académie impériale de musique soutiennent le *Veni Creator* qui déroule ses phrases majestueuses et sacrées.

La pompe du sacre offre alors ses splendeurs.

QUATRIÈME HEURE.

Conformément aux rites romains et français, deux petits trônes ont été placés dans le sanctuaire. Avant que de prendre place sur ceux dressés au haut des marches, au bout de la nef, devant le portail, Leurs Majestés viennent s'asseoir ici pour recevoir des mains du Pape les ornements déposés par les dignitaires sur l'autel. Et les oraisons commencent. Ce sont ces belles prières où la pompe catholique déroule les majestés de son style prophétique; ces phrases cadencées et harmonieuses qui semblent traîner derrière elles les plis frissonnants des pourpres, la splendeur de manteaux byzantins. Au lieu du formulaire de Louis VIII employé jusqu'à la Révolution pour le sacre des rois, c'est le rite usité pour Charlemagne qu'on applique aujourd'hui. Rite solennel, grave, pompeux où la majesté de la religion marche de pair avec la majesté de l'Empire.

Le *Veni Creator* terminé le Pape demande à l'Empereur le respect de la religion. l'observance du droit spirituel du Saint-Siège, et Napoléon, haussant la voix, les doigts étendus sur l'Évangile qu'on lui offre, répond :

— *Promito.*

Et l'*oremus* récité par le Pape est repris à voix basse par tous les prélats rassemblés dans le chœur. Un vent large et lourd semble passer sur toutes ces épaules courbées. A genoux on récite les litanies des Saints jusqu'au verset :

Et omnibus fidelibus defunctis...

Les trois versets suivants sont récités debout tandis que des mains pâles levées dispersent par l'église la moisson légère des bénédictions.

A cet instant, l'Empereur et l'Impératrice se lèvent, marchent vers l'autel pour recevoir la triple onction. Les chœurs exécutent le motet : *Unxerunt Salomonem Sadoc sacerdos et Nathan propheta regem in Sion, et accedentes læti dixerunt : Vivat in æternum !*

Tandis que les évêques, mitre en tête, récitent les oraisons, le Pape touche l'Empereur au front et aux deux mains de l'huile consacrée. Puis c'est le tour de l'Impératrice que sacre l'attouchement papal. La voix un peu sourde de Pie VII s'élève pour dire la prière :

— *Omnipotens et æterne Deus :* Dieu tout-puissant et éternel qui avez établi Hazaël pour gouverner la Syrie, et Jéhu, en leur manifestant vos volontés par l'organe du prophète Elie; qui avez également répandu l'huile sainte des rois sur la tête de Saül et de David par le ministère du prophète Samuel, répandez par mes mains les trésors de vos grâces et de vos bénédictions sur votre serviteur Napoléon, que, malgré notre indignité personnelle, nous consacrons aujourd'hui Empereur en votre nom! »

Le cortège retourne aux places du sanctuaire
et le grand aumônier de France essuie aux deux
fronts et aux mains l'huile de l'onction.

Le Pape monte à l'autel et la messe commence.
C'est celle de la vierge Marie pendant l'Avent.
Arrivé au *graduel*, le Pape prononce la bénédiction des couronnes de l'Empereur et de l'Impératrice, celle de l'épée, celle des manteaux
et des anneaux. Napoléon est retourné avec Joséphine au pied de l'autel. Sur les dentelles de la
nappe luit le joyau énorme de Charlemagne.
Les prières pour la tradition des anneaux, de
l'épée, des manteaux, de la main de justice
et du sceptre sont dites. Le Pape étend la main...
mais une autre main d'un prompt éclair a saisi
la couronne. Devant le grand autel, l'Empereur
est dressé, droit, immobile, incarnant la toute
majesté de l'Empire. La couronne est levée,
hissée devant l'innombrable regard de la foule
éperdue, et, lentement, sûrement, cette couronne
descend vers le front pâle qui l'attend. La voici
arrêtée. L'Empereur est couronné. Alors son
regard va vers celle qui, presque sans vie,
est étendue, prosternée au bas des marches. Sa
main saisit le diadème et avec un sourire glorieux il le pose sur la chevelure bleutée de
la créole éperdue. Et par l'église éclate l'acclamation des musiques déchaînées : *Coronet te Deus,
corona gloriæ atque justitiæ...*

Ainsi Napoléon s'affirme aux yeux de tous le
seul instrument de son triomphe. C'est pour

assister à cet acte impérieux de son autorité
qu'il a fait franchir les Alpes au Pontife romain.
On nous a dit que son geste imitait celui de
Charlemagne au sacre de son fils Louis le Débonnaire[1]. Mais était-ce un pape qui couronnait
l'héritier de l'Empereur à Aix-la-Chapelle? Et
ce couronnement n'a-t-il pas été jugé provisoire
par le Débonnaire lui-même qui a fait répéter
la cérémonie à Reims au lendemain de la mort
de son père? Non, ce que Charlemagne ne fit
point en une pareille occasion, Napoléon le fit.
C'est faire échec au Pape qui a déclaré vouloir conserver le droit de ses prédécesseurs à
poser la couronne sur le front de l'Empereur[2].
Acte de mépris pour l'Eglise, dit le cardinal
Consalvi. Acte d'autorité, surtout. Certes il s'y
mêle la secrète rancœur des difficultés opposées
primitivement par Rome à la cérémonie d'aujourd'hui. La mémoire de Napoléon a retenu
les plaintes, les exigences formulées à la veille
de ce voyage. Il sent tous ces prélats ennemis
de sa fortune jacobine, dépités à l'aspect de cet
empire affranchi du joug spirituel du Vatican
et édifié, consolidé par les ruines du régime
qui s'honorait de la protection romaine et dé-

---

1. « On a beaucoup reproché à Napoléon de ne pas s'être laissé
imposer par le pape la couronne impériale sur la tête; il n'a
cependant fait que suivre, en cette circonstance, le cérémonial
que Charlemagne lui-même régla pour son fils Louis le Débonnaire, lorsqu'il le fit sacrer. » C. d'Arjuzon, *Madame Louis Bonaparte*, p. 276.

2. Augustin Theiner, *vol. cit.*

clarait la France fille aînée de l'Eglise. Il leur montre une méfiance secrète, qui passe cependant inaperçue.

En effet, l'article 46 du titre IV du programme du sacre rédigé par M. de Ségur porte que « LL. MM. communieront. » Au moment d'en distribuer des exemplaires aux grands dignitaires, l'Empereur se ravise et fait corriger à la main : « Si LL. MM. communient... » Le *si* prudent de la phrase n'a pas besoin d'être souligné. Enfin, le 9 frimaire, le *Moniteur* publie le programme... et n'imprime ni l'une ni l'autre phrase. Dans les cercles de la cour, dans les salons on explique cette omission par la défiance éprouvée envers les prélats italiens chargés du pain et du vin consacrés. On ne craint point de dire qu'on redoute un empoisonnement. Cet incident, minime sans doute, ajouté à celui de l'Empereur se couronnant lui-même indique nettement son mépris des règles religieuses alors qu'elles touchent au caractère politique du sacre.

La couronne sur la tête, raidi sous la pourpre, l'Empereur est là debout devant le Pape. La voix basse, lasse, du Pontife demande :

— *Profers catholicam fidem?*

A haute voix, rude, le soldat couronné répond en français :

— Je professe !

Maintenant c'est un nouveau cortège qui traverse la nef. Le Pape, les cardinaux, les arche-

vêques et les évêques conduisent processionnel-
lement le couple impérial au trône dressé contre le portail. Arrivé aux marches un mot corse,
bref, rude, impérieux, résonne. C'est le maître
qui gourmande ses sœurs. Les princesses soutiennent le manteau d'un geste indolent, et sous
le poids de la pourpre Joséphine hésite, tré-
buche. Mais voici l'Empereur assis sur le trône
ayant à sa gauche les princes. Une marche plus
bas un fauteuil attend l'Impératrice. Assise, elle
aura à ses pieds les princesses sur des chaises.

C'est le Pape maintenant qui est debout devant
l'Empereur assis. La prière de l'intronisation
dite, il se penche et pose ses froides lèvres
glacées sur les joues pâles du Corse. Et alors,
pour la première fois depuis le commencement
de la cérémonie, sa voix s'élève, prend la force
de la proclamation triomphale:

— *Vivat Imperator in æternum !*

Une immense acclamation crève les voûtes
de la métropole, un cri éperdu, le cri de ces nouveaux maréchaux, le cri de ces sénateurs pro-
mus par le consul, le cri de la reconnaissance
retentit:

— Vive l'Empereur!

Deux cents voix puissantes entonnent le *Vivat
Imperator* de l'abbé Roze. La messe continue
avec l'Évangile chanté en grec et en latin[1]. Le
silence bourdonnant de prières retombe, et dans
ce silence les yeux cherchent les yeux de l'Em-

---

1. Relation de l'abbé Cancellieri.

pereur. Emu[1], il est là immobile, un peu grave et composé[2], dira quelqu'un, calme, ennuyé de la longueur de la cérémonie, étouffant un furtif bâillement[3]. Devant la splendeur de l'église emplie d'uniformes, de robes de parade, il rêve à sa destinée. Il songe que la force heureuse de son glaive lui gagne ce triomphe éternel aux fastes de l'histoire. Et peut-être aussi reporte-t-il sa pensée vers sa mère, vers Letizia Bonaparte, absente de cette journée de gloire. Il regrette l'humeur d'un moment qui l'exila à Rome auprès du frère rebelle à la volonté impériale et il ordonnera à David de placer l'absente au milieu du tableau qu'il fera du couronnement[4]. La matrone corse apparaîtra ainsi aux temps futurs, présente et pardonnée, pardonnante aussi et majestueuse de la majesté du fils.

---

1. *Mémoires de Mme de Rémusat.*

2. Miot de Mélito, *vol. cit.*

3. *Mémoires de la duchesse d'Abrantès.*

4. Le nom de Madame Mère est d'ailleurs absent du procès-verbal de la cérémonie du sacre et du couronnement. Elle ne revint de Rome que le 20 décembre, ce qui n'empêcha point David de la *plaquer comme une enseigne,* dit Mme d'Abrantès, dans son tableau du *Couronnement de Napoléon.* Sous la Restauration, le tableau, en même temps que la *Distribution des aigles,* de David, disparut du Louvre. Il avait été relégué dans les magasins s'il faut en croire l'auteur anonyme d'une *Vie de David* parue en 1826. Cette brochure signée M. A. Th... (à Paris chez tous les marchands de nouveautés, in-12) fut successivement attribuée à Thiers, à Antoine Thibaudeau, ancien conventionnel, et enfin à son neveu, Aimé Thomé de Gamond. Elle est probablement d'une quatrième, inconnu.

LES COSTUMES DU SACRE.

(Par Isabey.)

III. — LE PAPE.

Devant la postérité, il rachètera ainsi la faute d'avoir chassé sa mère du triomphe dont son cœur prévoit, devine la fragilité. Mais pour ces larmes maternelles absentes, il retrouvera, aux vieilles joues ridées d'une pauvresse pleurant de joie [1], d'autres larmes aussi précieuses à son cœur. C'est sa nourrice, Camilla Ilari, qui est là, guettant elle aussi le regard de l'homme qu'elle berça et qui but son lait mercenaire. Parmi la foule qui l'ignore, elle pleure doucement, et sachant la mère absente, elle pleure pour elle, elle pleure de la gloire de *rebellione*. Pauvre vieille obscure, oubliée! Ah! de quel prix ne sont pas ses larmes, les seules pleurées ici simplement, pathétiquement!

L'Empereur reste immobile. Son regard rêveur passe indifférent maintenant sur cette foule, et il en est ainsi jusqu'au moment de l'*Offertoire*, où il va déposer devant le Pape un vase d'or, un pain et un cierge où on a fixé vingt-quatre napoléons. Présent mystique que complète celui de l'Impératrice offrant un pain d'argent incrusté de vingt-quatre napoléons d'or. Le dernier Evangile chanté, le grand aumônier marche vers le trône, porteur de l'Evangile, et se place à la gauche de l'Empereur. Successivement, au bas du trône, viennent se placer le président du Sénat, François (de Neufchâteau); le plus ancien des présidents du Conseil d'Etat, Defermon;

1. Méneval, *Napoléon et Marie-Louise*, t. I (1844).

le président du corps législatif, Fontanes, et le président du Tribunat, Fabre (de l'Aude). M. de Ségur prend place en face de François (de Neufchâteau).

La main ouverte de l'Empereur s'étend sur les pages déployées des Evangiles. Sa voix prononce le serment constitutionnel :

— Je jure de maintenir l'intégrité du territoire de la République, de respecter et de faire respecter les lois du Concordat et la liberté des cultes ; de respecter et faire respecter l'égalité des droits, la liberté politique et civile, l'irrévocabilité des ventes des biens nationaux ; de ne lever aucun impôt, de n'établir aucune taxe, qu'en vertu de la loi ; de maintenir l'institution de la Légion d'honneur ; de gouverner dans la seule vue de l'intérêt, du bonheur et de la gloire du peuple français [1].

Ces mots dits, le chef des hérauts, le capitaine Duverdier crie par la métropole la formule sacramentelle et solennelle :

— Le très glorieux et très auguste empereur Napoléon, empereur des Français, est couronné et intronisé ; vive l'Empereur !

L'écho se fracasse du tonnerre des artilleries. La voix des canons apprend à Paris l'instant où l'Empire couronne et salue son Empereur. Et à cette voix des bronzes qui durant dix ans devait retentir sur tous les champs de bataille de l'Europe, répond l'acclamation des

---

1. *Correspondance de Napoléon Ier*, t. X, p. 76, n° 8201.

dignitaires. Dans ce tumulte vociférant s'étouffe la voix du cardinal évêque lisant le texte de l'indulgence plénière accordée par le Pape aux assistants. Et le *Te Deum* gonfle son orage au-dessus de ces cris des jacobins repentis.

Sous le dais hissé aux poings du clergé, l'Empereur et l'Impératrice regagnent l'Archevêché où Maret, le ministre secrétaire d'Etat, achève de dresser le procès-verbal de la prestation du serment. Là le manteau du sacre est quitté.

— Ah! je respire! crie l'Empereur.

La cérémonie avait duré trois heures et demie.

CINQUIÈME HEURE

Sur le parvis, le cortège impérial se remit en marche. Au ciel de cendre grise, le soleil avait disparu. Déjà flottait, entre les ramures dépouillées de frimaire, l'ombre grise du crépuscule hivernal. La neige légère et comme hésitante qui avait floconné, s'était arrêtée. Aux tours de Notre-Dame, le vent toujours rude, lacérait les drapeaux tricolores.

Au long des rues du Marché-Neuf, de la Barillerie, la foule s'écrasait. A cette heure, le véritable Empereur lui apparaissait, l'Empereur auréolé de la double consécration de la pompe sacrée et de la gloire guerrière.

Le cortège traversa le Pont-au-Change, gagna la place du Châtelet et par la rue Saint-Denis atteignit les boulevards, ces boulevards que Michelet, âgé de six ans, vit, dans cette journée glaciale, accablés d'un morne et lugubre silence. Rue de la Concorde, place de la Concorde, le pont Tournant et les Tuileries. Les jardins brusquement s'enflammèrent. Les portiques en lampions du grand parterre brillèrent soudain de mille couleurs. Des guirlandes de lumières vives s'accrochèrent aux arcades des artificiers. Des étoiles flambèrent sur le ciel nocturne, au haut d'une colonnade ornant la grande allée. Les orangers lumineux crépitèrent sur la terrasse, les autres arbres furent de gros bouquets en feu. Dans l'éclat des torches, des chars de musiciens et de chanteurs s'avancèrent parmi une foule compacte. Il était cinq heures et la nuit était descendue.

Dans ce temps, on menait Pie VII admirer les illuminations du Luxembourg orné de pots à feu et de verres de couleur. Cinq cents hommes, brandissant des torches de cire, entouraient son carrosse qui fut promené sur les boulevards. Sur les coussins de pourpre, la blanche silhouette s'affaissait, courbée, lasse de cette terrible journée. A sept heures, elle rentra au Louvre. Le banquet attendait sa fatigue.

Telle fut cette journée du 11 frimaire de l'année bissextile 1804.

*
* *

Ici l'histoire se pose cette question : Paris acclama-t-il Napoléon le jour de son sacre ?

On doit à la vérité de reconnaître que ce triomphe n'eut pas la consécration de l'unanimité. Il est bien vrai que « l'esprit républicain n'était pas encore amorti[1] » et cela même Madame Mère le devina avec une compréhension singulière. Lucien écrit à Joseph, avant le sacre, que la mère de Napoléon pense « que la république a plus d'amis qu'il n'a l'air de s'y attendre[2]. » La France, qui « ne fut jamais dupe qu'à moitié de Bonaparte[3] », ne se rallia pas à l'Empire avec cette ferveur dont elle témoigna depuis au lendemain d'Austerlitz. De cette pompe royale renouvelée du siècle de Louis XIV, les jacobins ne pouvaient que s'offenser. Ceux-là songeaient aux quatre millions que ces splendeurs coûtaient ; au calice en vermeil à bas-reliefs de Germain, au ciboire, aux burettes, au bénitier, au plat d'offrande de vermeil, donnés au chapitre de Notre-Dame ; ces présents à l'Eglise et au Pape coûtaient 150 000 fr ; les fêtes et les lampions brûlaient au vent 177 971 fr. 22 ; les costumes de l'Empereur, de l'Impératrice

1. J. Michelet, *Histoire de la Révolution française (du 18 Brumaire à Waterloo)*, chap. III, p. 118.
2. *Lucien Bonaparte et ses mémoires.*
3. J. Michelet, *vol. cit.*, préface, t. X.

et des officiers allaient être payés 840 905 fr. 14;
on avait frappé pour 229 642 fr. 04 de médailles
diverses; la croix et la ganse en diamants de Napoléon étaient évalués 400 000 fr; on avait donné
pour 100 000 fr. de diamants à quatre dames
du palais; Mme Ney avait eu 20 000 fr.; deux
autres dames 38 000 fr.; la tiare de Pie VII
coûtait 181 931 fr. 10; à cinq cardinaux on donnait pour 20 000 fr. de rochets en dentelles;
on distribuait 148 350 fr. en tabatières de diamants; les domestiques du pape recevaient eux
aussi des diamants pour 150 000 fr.; le grand-
ordre de la Légion d'honneur porté par Napoléon était estimé 119 254 fr.; en fêtes, jeux et
autres réjouissances on dépensait 1 200 000 fr. [1].
Enfin les anciens adeptes du culte de l'Etre suprême raillaient le carton avec la couronne d'é-
pines, la cheville et le morceau de bois de la
vraie Croix, le flacon avec le sang du Christ,
la discipline de fer et la tunique de saint Louis,
remis par ordre de l'Empereur par le Ministère de l'Intérieur au chanoine de Notre-Dame,
M. d'Astros [2]. Pour ceux-là le couronnement n'é-
tait que « l'acte culminant d'une conspiration
triomphante » et « le peuple n'assistait à ce dé-
nouement d'un crime heureux qu'en qualité de
spectateur [3]. » Formule vague que M. Paul Adam,

---

1. Comptes du grand chambellan (Archives nationales, O² 41).
2. *Mémoires de Constant*, premier valet de chambre de l'Empereur.
3. Charles Nodier, *les Colonels Fournier et Foy*.

avec un rare bonheur d'expression, traduit en
disant: « La fortune choya le ruffian. Le culte
de Bonaparte est au juste le culte du succès.
On salue en son effigie le héros de la chance[1] »
Ce qu'on peut admirer en lui, outre ses extraor-
dinaires facultés intellectuelles, c'est le culte de
sa volonté, cette volonté qu'il fera triompher
de tous les obstacles et pour l'accomplissement
de laquelle il ne connaîtra aucune difficulté.
Jamais homme ne sut plier avec autant d'art,
avec un génie si parfait, les circonstances à sa
volonté.

Voyons-le en regard de la foule — son peuple
— au jour de son sacre, et confrontons les
témoignages de quelques-uns des contemporains.
Mme de Rémusat écrit: « Les rues de Paris
étaient pleines de monde; le peuple plus curieux
qu'empressé. Les acclamations ne manquèrent
pas sur son passage. Elles n'avaient point cet
élan d'enthousiasme qu'aurait pu désirer un souverain jaloux de recevoir les témoignages d'a-
mour de ses sujets; mais elles pouvaient satisfaire la vanité d'un maître orgueilleux et point
sensible. » Il est un fait qui ne souffre point
la discussion et qui contredit formellement l'al-
légation de Michelet: Bonaparte fut acclamé.
Ces acclamations, Miot de Mélito, lui aussi, les
entendit « mais rares et sans enthousiasme ».
Cela Mme de Rémusat nous l'apprit. Faut-il

1. Paul Adam, *le Triomphe des médiocres* (*Du napoléonisme*,
p. 25 (1898).

donc croire que « l'étonnement d'une fortune si prodigieuse tint lieu d'enthousiasme[1] »? On peut s'imaginer que le plaisir du spectacle fut pour quelque chose, sinon pour beaucoup, dans ces acclamations. Cette pompe nouvelle, oubliée depuis Louis XVI, étonnait la génération ignorante de la Terreur. Chez les autres, l'opposition venait d'un sentiment contraire. Mais ces témoignages sont en contradiction absolue avec celui de la duchesse d'Abrantès qui, elle, n'hésite pas à affirmer que « c'est pendant ce trajet que Napoléon a pu recueillir des paroles d'amour et d'attachement passionné ». Est-il exagéré de dire ici que la duchesse d'Abrantès juge de l'enthousiasme des rues par ce qu'elle a vu à Notre-Dame? Les cris et les applaudissements entendus ici étaient de ceux qui, à l'Empereur, étaient redevables de leurs charges, de leurs titres, de leurs fortunes. Nous l'avons dit: sous les voûtes de la métropole a tonné le cri de la reconnaissance des dignitaires. Leur enthousiasme devait en l'armée trouver un fidèle écho. « L'enthousiasme des soldats fut bien plus vif que celui du peuple », déclare Mme de Rémusat, pourtant si suspecte à divers titres. Quelle raison donner de cela? « L'armée était tout, et cette armée de républicains, par un concours

1. *Biographie moderne ou Galerie historique, civile, militaire, politique, littéraire et judiciaire. Précis historique de tous les événements qui se sont succédé depuis la convocation des notables jusqu'au rétablissement de S. M. Louis XVIII sur le trône de France* (Paris, 1816), t. III, p. lij.

de circonstances fortuites, était tombée dans la
main d'un héros qui l'enivrait de gloire et d'argent: les esclaves font les tyrans[1]. » Ce soldat
de l'Empire n'était plus celui-là que Joseph
de Maistre voyait « saisi tout à coup d'une fureur divine étrangère à la haine et à la colère »
s'avancer « sur le champ de bataille sans savoir ce qu'il veut ni même ce qu'il fait[2] ». Ce
soldat, Napoléon l'avait révélé à lui-même. Grâce
à lui, grâce à la brûlante éloquence des louanges de ses proclamations, le soldat de l'an XIII,
prenait conscience de son rôle, de sa puissance.
Il acclamait en Bonaparte l'image vivante et
triomphante de sa propre gloire. Il dressait
son symbole personnel sur le pavois. Cet ins-
tinct de la déification n'échappa point à Napoléon.

Plus tard il sut habilement et heureusement
le flatter en donnant des trônes à Bernadotte et
à Murat; des femmes, des duchés, des domaines,
des principautés, des dotations aux autres; et le
soldat, conscrit de la dernière levée, put lire
la promesse de sa fortune future aux écussons
des armes qui lui venaient de la fabrique impériale de Maubeuge, écussons qui proclamaient
que « les armes sont le soutien de l'Empire ».

Cependant, dans les témoignages cités ici, il est

---

1. J. P. Picqué, *l'Hermite des Pyrénées.*

2. Joseph de Maistre, *les Soirées de Saint-Pétersbourg ou
Entretiens sur le gouvernement temporel de la Providence.*
VIIe entretien.

certes facile de récuser celui de Mme de Rémusat, que sa fidélité à Joséphine répudiée rend injuste pour Napoléon. De même pour Miot de Mélito, tout dévoué à Joseph qu'il suivra avec dévouement. Picqué est un conventionnel, demeuré sur la Montagne idéale, fulminant jusqu'à sa dernière heure contre les despotes et les tyrans; la *Biographie moderne* de 1816 est d'inspiration évidemment royaliste; soit. Tous déclarent l'enthousiasme populaire relatif. Leurs affirmations ne mentent point et c'est chez Napoléon lui-même que nous en trouvons la confirmation. Peu de jours après le sacre, le 19 frimaire, il dit à Joseph:

— J'ai bien remarqué qu'aucun enthousiasme réel ne s'est manifesté nulle part, mais aussi rien de fâcheux n'a troublé les fêtes. C'est pour moi une bataille gagnée, et j'ai obtenu, de l'art et des mesures que j'ai prises, au delà du succès que je pouvais en attendre.

Aveu ingénu qui caractérise admirablement l'époque qui ignorait encore l'organisation de l'enthousiasme spontané dont les Bourbons surent si utilement se servir en 1814!

Bonaparte consul a connu cet enthousiasme et cet enthousiasme s'est tu, surpris, le jour où il a porté la cognée dans le principe révolutionnaire. Obscurément, on devina l'attentat secret à la liberté, et ce silence du peuple au matin du 11 frimaire fut la vengeance éclatante et pacifique des « avocats » du Directoire, jetés par les fenêtres au matin du 18 brumaire par les grenadiers du Corse.

V

Les Lyres du Sacre

Que de poètes, et de médiocres poètes, pour
cette époque où la lyre le cède au glaive! De
petits vers se traînent dans de petits recueils,
s'essayent à l'envolée et retombent lourdement.
Il faut aujourd'hui un rare courage pour feuil-
leter ces *Almanachs des Muses*, les recueils su-
rannés, vieillots avant que d'être nés. On a, pour
le sacre, écrit des milliers de vers; il est difficile de trouver parmi eux un quatrain digne
d'être retenu. La passion pour le grand et rus-
tique Jean-Jacques est morte avec le dernier
échafaud de la Terreur. Maximilien de Robespierre a emporté avec lui le secret de ces froides
et brûlantes apostrophes où la glace du style
couvre la flamme des idées. Le Consulat a ramené les invocations aux Muses. Apollon trône
dans les poèmes en douze chants et sur le mode
héroïque Esménard composera l'épopée aqua-
tique de la *Navigation*.

Il me faut l'avouer: le courage m'a manqué

de relire toutes ces productions éphémères que
le sacre vit éclore et mourir aussitôt. Comme
on comprend le cri de l'Empereur déplorant la
médiocrité des poètes tragiques et souhaitant
« pour tout au monde avoir à récompenser l'auteur d'une belle tragédie[1] ». Et cela est dit à
l'époque où un Luce de Lancival triomphe avec
un *Hector* au Théâtre-Français, où un Talma
ressuscite la tragédie et restaure la pompe solennelle de Corneille!

A l'occasion du sacre, M. S. A. Sibire, commet
des vers latins; M. Crouzet, proviseur du Pry-
tanée, correspondant de l'Institut et membre
de la Légion d'honneur, donne un poème in-
titulé: *Carmen in sacram inunctionem Napoleonis primi, Gallorum imperatoris, a Pio septimo
summo pontifice, inaugurati*, qui ne compte pas
moins de cent quatre-vingt-dix-sept vers; M. La-
blée, ancien jurisconsulte et membre de l'Académie de Lyon, a des prétentions plus modestes.
Ses stances sont courtes; il se contente d'y appeler le mari de Joséphine: *superbe époux*. Dans
son *Poème de la Navigation*, Esménard témoigne
de la plus sincère incohérence. Aux travaux
des ports de Cherbourg et d'Anvers il mêle
le dessèchement des marais ordonné par le gouvernement, les embellissements du Louvre, les
réfections des Tuileries, le creusement des canaux de Saint-Quentin et le couronnement:

1. *Mémoires de Mme de Rémusat.*

... du second des Césars, du plus grand des Louis !

Plus réservé que M. Crouzet, un pasteur du culte protestant, membre lui aussi de la Légion d'honneur, M. P. H. Marron, se contente de quatre-vingt-douze vers pour célébrer *Napoleoni Primo Gallorum Imperatori, semper Augusto.* A une fête donnée à l'occasion du couronnement à la grande Chancellerie de la Légion d'honneur, un chef de division, M. Almaric, s'avance au-devant de ses collègues et lit des stances. En employé respectueux, il salue de « savant profond, sublime auteur » M. de Lacépède, car M. de Lacépède est grand chancelier. Il apprend dans ces stances qu'il a brisé « les sceaux de la nature » pour conserver « ceux de l'honneur ». On ne saurait rêver périphrase plus hardie. Les stances fleurissent d'ailleurs en abondance dans les bureaux de la grande Chancellerie. Un autre chef de division, M. Joseph Lavallée, s'écrie :

> Vive à jamais notre Empereur!
> France, répète d'âge en âge
> Ce cri d'amour, ce cri d'honneur;
> C'est le mot d'ordre du courage!

On projette d'élever une statue à l'Empereur. Aussitôt M. le chevalier de Saint-Amand propose un distique de sa composition:

> La France a retrouvé, dans ce héros chéri,
> Le bras de Charlemagne et le cœur de Henri.

Plus lyrique, et non moins grandiloquent, Lebrun écrit :

> Empereur, Majesté, grands et superbes mots !
> Que jamais loin de nous le respect ne s'écarte :
> Mais ne voilez point Bonaparte ;
> Ne me cachez point le héros !

Et voici que les femmes s'en mêlent, « sexe adorant les héros ». Leur voix faible et hésitante se mêle au chœur louangeur et dans l'immense charnier poétique de 1804, on peut déterrer ce huitain de Mme de Montanclos :

A L'EMPEREUR NAPOLÉON

> Depuis quatre printemps, de chêne, de laurier,
> Sur ton portrait je trace une couronne ;
> Oui, le nom d'Empereur, qu'aujourd'hui l'on te donne,
> Mon cœur l'indiqua le premier !
> Dès que je t'ai connu, je t'ai voulu pour maître :
> L'envie et ses serpens j'ai su tout défier ;
> J'ai dit que pour régner le ciel t'avait fait naître,
> Et les Dieux ont pris soin de me justifier !

Cette passion ne rougit pas de s'avouer et cet amour se cache sous des fleurs. Le professeur V. Monti se contente de conseils politiques et pour les donner il emprunte la fable fallacieuse d'un songe où il s'écrie :

> A lui l'impero, a lui l'arbitrio credi
> Delle dubbie tue sorti, e la donata
> Regal corona al donator concedi.

Ce que l'honorable M. Carrion Nisas, poète lui-même en même temps que chancelier de

LE PORTE-AIGLE.

Lithographie de Charlet.

cohorte de la Légion d'honneur, s'empresse de traduire en ces termes:

> O reine! il faut nommer arbitre de ton sort
> Et donner ta couronne à qui t'a couronnée!
> Celui qui t'éveilla dans les bras de la mort.

Ainsi le professeur V. Monti indique la vacance de la couronne de sa patrie et encourage Napoléon à la ceindre.

Touchante unanimité de la platitude qui fait une fois de plus comprendre le regret de l'Empereur. Il avait, mieux que personne, le sens très net du ridicule. Dans ces poèmes, il le voyait triompher et à la France de Louis XIV, il n'enviait que le rude Corneille et le plaintif Jean Racine. Avec amertume, il considère que son épopée merveilleuse ne suscite aucun grand cri lyrique, que tous ces rimeurs ne voient dans la splendeur du sacre que l'occasion d'une pension que libéralement, comme par pitié, la main impériale laissera tomber dans leur paume ouverte. Et c'est bien ici qu'on peut répéter avec l'éditeur de la *Couronne poétique de Napoléon le Grand*: « Sans doute il était difficile à nos poètes d'élever leur talent à la hauteur d'un sujet aussi sublime[1]. »

---

1. *Couronne poétique de Napoléon le Grand, empereur des Français, roi d'Italie et protecteur de la Confédération du Rhin, ou Choix de poésies composées en son honneur.* Avertissement de l'éditeur. — Paris, chez Arthur Bertrand, libraire, acquéreur du fonds de Buisson, rue Haute-Feuille, n° 23, 1807.

*
* *

Parmi tous ces porte-lyres, fonctionnaires faméliques, obscurs, le personnage le plus curieux est certainement ce François (de Neufchâteau) qu'aux pieds du trône à Notre-Dame nous avons vu recevoir le serment de l'Empereur, en sa qualité de Président du Sénat.

Sa carrière sous la Révolution avait été rapide et brillante. Juge auprès du tribunal de Cassation après thermidor, on le retrouve deux ans plus tard commissaire du Directoire dans le département des Vosges. En 1793, il devient ministre et remplace Carnot au Directoire après le 18 fructidor. Le 9 mai 1798, il redevient ministre de l'intérieur; le 18 brumaire le fait sénateur [1] et Bonaparte grand officier de la Légion d'honneur. L'année du sacre le trouve président du Sénat, membre de l'Institut et poète. Poète il n'a pas cessé de l'être depuis le jour fameux de la représentation de sa *Paméla* au Théâtre de la Nation. Le 3 septembre 1793, il est aux Madelonnettes, sous les verrous avec les acteurs interprètes de sa pièce jugée contre-révolutionnaire. Il s'échappe après thermidor grâce au dévouement obscur d'un secrétaire du Comité du Sa-

---

1. « Bonaparte l'enterra dans ses sénatoreries, espèces de limbes profondes où il jetait les capacités gênantes. De là, je le défie bien de ressusciter et de recommencer ses singulières péripéties... » *Mémoires de Fleury*, *de la Comédie-Française* (*1789-1822*), p. 278. — Fleury se trompait : l'enterré devait un jour ressusciter... mais en 1815.

lut public, la Bussière. Cette aventure ne l'a point
guéri de la littérature. Sa double vie poétique et
politique se débat à travers mille aventures. Il
est parmi ceux qui saluent avec enthousiasme
l'astre levant de Bonaparte, et sous le Consulat
n'imagine-t-il pas de fonder une ville qu'il veut
nommer *Bonaparte*, et où il établira une école
d'agriculture et des fermes expérimentales?
D'Orléans, le 7 brumaire an X, il écrit au citoyen
Dieudonné: « J'avais d'abord songé aux Landes
de Bordeaux; mais elles sont trop loin du centre.
Enfin mes vues se sont tournées sur le parc de
Chambord, près de Blois, et je vais en vérifier
l'état par moi-même avant de proposer au gouvernement de me le concéder pour y établir la
ville de Bonaparte... » Le gouvernement refuse-t-
il? Le ministre de l'an VII renonce-t-il à son
projet? On ne sait. Mais Bonaparte cependant
reste son idole. Au bas d'un buste en porcelaine
de Sèves (*sic*) du premier Consul, il écrit:

Terrible dans la guerre et sage dans la paix,
Il fut avant trente ans, l'honneur du nom français...

Il est presque compromis dans l'affaire de
la conspiration étrangère. Denan[1], l'aubergiste
de la *Cloche d'or*, n'a-t-il pas caché à son insu,
dans la remise de son hôtel de la rue du Bac,
le cabriolet « forme de Bruxelles, garni de drap

---

1. Renseignements pris aux archives de la préfecture de police,
cités par M. G. Lenôtre dans *Tournebut, la Chouannerie normande au temps de l'Empire*, p. 28.

blanc » qui servait aux courses du fameux Georges Cadoudal? Soupçonné à tort, il sort honorablement de cette fâcheuse aventure. Ses gages au nouveau régime sont innombrables. Parmi les plus plats sa platitude le distingue. Ses vers sont d'une bassesse répugnante, d'une médiocrité insigne :

Quel Dieu chez les Français a ceint le diadème?
Est-ce Mars, ou Minerve, ou Jupiter lui-même?
Mars conduit nos guerriers, Minerve fait nos lois,
Et Jupiter vengeur fait et défait les rois.

Aucune soumission ne rampa plus bas devant le Roy-Soleil. C'est peut-être avec la conscience de cette humiliation que François (de Neufchâteau) ne fut pas un des moins ardents à voter le 3 avril 1814, au Sénat, la déchéance de Napoléon.

Tel est l'homme qui réalise le mieux le prototype des poètes du sacre. Singulier instant où la destinée voulut que la voix des lyres fût muette devant celle des canons et où on vit pour la première fois, depuis qu'il est des rois et des poètes, ces derniers être petits de toute la grandeur de celui-là!

VI

Les Aigles sous la Pluie

J'ai là, sous les yeux, l'image d'Epinal, violente et fougueuse, où David, le régicide, représente la distribution des aigles au Champ-de-
Mars. C'est un beau et héroïque spectacle où
les maréchaux violets et pourpres acclament le
César qui jette aux armées les fagots de hampes
sommées de l'oiseau d'or[1]. Parmi l'éploiement
des drapeaux, des guerriers se ruent vers le
trône, brandissant les lourdes aigles[2]. C'est une
de ces grandes scènes théâtrales qui empoi-
gnent si intensément les soldats idolâtres du général victorieux.

[1] «... la *Distribution des aigles* peut être considérée également comme un des plus beaux tableaux militaires. La beauté,
il faut le dire, est plutôt dans l'intention de l'artiste et dans la
scène qui servit de modèle, que dans l'œuvre elle-même. Nous
n'en dissimulons pas les défauts. C'est une page trop *empana-
chée*... » Arsène Alexandre, *Histoire de la peinture militaire
en France*, p. 107.

[2] « Les aigles d'infanterie étaient fort lourdes, et leur poids se
trouvait augmenté d'une grande et forte hampe en bois de chêne,
au sommet de laquelle on la *(sic)* fixait. » *Mémoires de Marbot*, chap. XXXIV.

Elle se déroule noblement sous la clémence d'un ciel serein, et une fois de plus David est pris en flagrant délit de mensonge. L'aube de ce matin du 14 frimaire vit le dégel transformer la plaine du Champ-de-Mars en cloaque de boue. Puis ce fut la pluie, la morne et glaciale pluie d'hiver qui colla au long des hampes dressées les loques trempées des drapeaux.

Au long de la façade de l'Ecole militaire, une immense galerie couverte de toiles, tendue de tapisseries, avait été dressée. Seize parties la divisaient, emblèmes des seize cohortes de la Légion d'honneur dont les colonnes supportaient les attributs et les trophées. Dans chacune de ces parties avaient pris place les membres du Sénat, les officiers de la Légion d'honneur, les membres de la Cour de Cassation et les chefs de la comptabilité nationale, tous à droite. A gauche étaient les sièges du Tribunat et du Corps législatif. Au haut bout de la galerie se dressait la tribune impériale destinée aux princes étrangers. Dans la tribune qui terminait l'autre extrémité de la galerie s'étaient rassemblés les ambassadeurs et les étrangers honorés de la faveur de Napoléon.

Sur les degrés de l'escalier menant à cet immense échafaudage, aux côtés de la statue de la France guerrière et du monument de la France pacificatrice, s'empressaient les présidents de canton, les préfets, les sous-préfets, les membres du Conseil municipal, les colonels des régiments et les présidents des collèges électoraux des départements porteurs des aigles de l'Empire.

Au centre de cet amphithéâtre, soutenue par quatre victoires d'or, s'élevait la tente du trône. Autour des fauteuils de pourpre rayonnaient les sièges des princes, des princesses, des grands dignitaires, des ministres, des maréchaux, des grands officiers de la couronne, des dames de la Cour et du Conseil d'Etat.

Un peu avant une heure le canon annonça l'arrivée du cortège. C'était celui du matin du sacre précédé des chasseurs de la garde et de l'escadron des mamelucks. Derrière les carrosses marchaient la légion d'élite et les grenadiers à cheval. Le tout défila sous la pluie fine entre la double haie de la garde municipale et des grenadiers de la garde, faces rudes brûlées aux soleils de Syrie.

Dans les grands appartements de l'Ecole militaire, l'Empereur et l'Impératrice revêtirent les habits du sacre et sur la haute estrade, ils parurent comme au matin du couronnement de Notre-Dame.

Le cri de l'armée tonna dans un formidable :

— Vive l'Empereur !

L'âme héroïque de la France guerrière plana sur cette plaine fameuse qui avait vu le serment de la Fédération. L'arme au pied, les armées jacobines se retrouvaient ici, dans cette boue de frimaire, et c'était l'image couronnée de la Révolution qu'elles saluaient de leurs fanfares et de leurs artilleries.

Le défilé de ces bandes de l'an II, de l'an VI, de l'an XII, commença. Elles traînaient avec elles les victoires écumantes de l'Adige, du Piémont, de la Syrie, de l'Egypte. Elles avaient vu Marengo, elles avaient vu Rivoli. Les fatigues du siège mantouan, les batailles dans les plaines lombardes, les neiges des Alpes, la famine, la fièvre, la soif; elles oubliaient tout cela en ce jour « consacré aux armes, à la valeur, à la fidélité[1] », leurs armes, leur valeur, leur fidélité. Leurs musiques jouaient la *Marche des drapeaux*, et vers ces aigles brandies au-devant du trône, elles marchaient comme vers leur suprême récompense.

Alors, dans le silence de la plaine fourmillante d'armes, d'uniformes, la voix de l'Empereur s'éleva:

— Soldats, voilà vos drapeaux! Ces aigles vous serviront toujours de point de ralliement; elles seront partout où votre Empereur jugera leur présence nécessaire pour la défense de son trône et de son peuple. Vous jurez de sacrifier votre vie pour les défendre, et de les maintenir constamment par votre courage sur le chemin de la victoire. Vous le jurez!

Et dans le claquement des soies dressées, brandies, agitées, les porteurs d'aigles, clamèrent:

1. *Moniteur.*

— Nous le jurons!

Et la grande voix énorme de l'Armée gronda avec un souffle d'orage et de bataille:

— Nous le jurons!

Leur serment les faisait dignes désormais des Austerlitz futurs et des Wagram confusément apparus dans les brumes mystérieuses de l'avenir.

De divisions en divisions, les aigles se dressèrent, neuves, brillantes, altières. L'Europe allait bientôt se remplir du large bruit de leurs ailes déployées.

Vague mouvante, l'armée déferla aux pieds du trône. Instant unique où les victoires passées se sentaient jumelles des victoires futures! Mer humaine qui s'écoule, les régiments défilèrent devant l'amphithéâtre, acclamant l'homme vainqueur de son destin.

C'est alors que la voix populaire, la voix du jacobinisme étranglé, jeta son suprême cri de protestation.

Tandis que sous la pluie la marche s'achevait, un jeune homme sortit des rangs, escalada les premières marches du trône. On entendit sa voix monter au-dessus du bruit des armes, et cette voix cria:

— Point d'Empereur! La liberté ou la mort!

Dernier râle de 93 expirant! Voix venue du fond des journées révolutionnaires et qu'à son déclin l'Empire entendra monter innombrablement autour de ses ruines fumantes, à l'heure de son écroulement majestueux! Vingt bras, cent bras saisirent le jeune homme. Son cri s'étouffa. On ne sut jamais son nom, dit Miot de Mélito qui rapporte le fait. Qui nous dira où cette voix s'est tue pour jamais?

La pluie faisait rage. Les larges rafales glacées eurent bientôt fait de percer les toiles et les tapisseries de l'amphithéâtre. Ce fut, à la suite de l'Impératrice, la débandade des toilettes menacées. Les jeunes femmes en fourreaux lamés, en turbans, en chignons à la grecque, cherchèrent à l'Ecole militaire le refuge contre l'inondation. Stoïque et souriante, Caroline était restée. C'est ce qu'elle appelait « s'accoutumer à supporter les contraintes inévitables du trône ».

De ce soleil absent, de cet orage sans fin, le *Moniteur* écrivit galamment le lendemain: « Si la situation des spectateurs était pénible, il n'en est pas un qui ne trouvât un dédommagement dans le sentiment qui l'y faisait demeurer. et dans l'expression des vœux que ses acclamations manifestaient de la manière la plus éclatante. »

C'est en ces termes que M. Maret excusait Phœbus.

*
* *

Le soir, à sept heures, dans la galerie de Diane, banquet. A la splendeur de la cour de Versailles, la cour des Tuileries n'a rien à envier. Pour la table on a ressuscité tout l'ancien cé-

rémonial, en le compliquant cette fois, d'inno-
vations qui ne manqueront pas de faire des mé-
contents. Le banquet a lieu par tables séparées.
Il y a la table des ministres, la table des princes
où siège le prince héréditaire de Bade, la table
des dames et des officiers de la Maison impériale; il y a la table des ambassadeurs, mais
ce soir elle restera veuve de ceux auquels elle
est destinée. Ni M. de Schimmelpenninck, ambassadeur de Hollande; ni M. Gravina, ambassadeur d'Espagne; ni M. de Lima, ambassadeur
de Portugal; ni M. de Cobentzel, ambassadeur
d'Autriche, ne paraîtront au banquet. Leurs Ex-
cellences se déclarent froissées et outragées de
ne pouvoir prendre place à la table des princes.

Celle de l'Empereur, dressée sur une estrade,
est surmontée d'un dais de pourpre, somptueux,
éclatant, magnifique, dit Constant, que son aspect émerveille. Joséphine, en robe de tulle d'argent et satin avec le bas de robe de cour en velours rose, chef-d'œuvre de Leroy et de Mme
Raimbaud, y trône. Napoléon est à sa droite;
Pie VII, à sa gauche. En face d'elle l'archichancelier de l'Empire germanique a pris place.
Autour de la table, cariatides muettes et serviles,
chamarrées, se tiennent debout le grand chambellan, le grand écuyer, le colonel général de la
garde, le grand maréchal et le grand maître
des cérémonies. L'Empereur leur dispense l'honneur de le regarder manger.

Il mange mal, il mange peu.

L'ancien écolier de Brienne se sentira toujours mal à l'aise devant ces services somptueux. La longueur de ces repas d'apparat l'é-
nerve, l'exaspère, lui qui dépêche ses dîners
sommaires en cinq ou six minutes, sans s'in-
quiéter des convives présents. Ses goûts sont
démocratiques : il aime les œufs sur le plat,
la salade de haricots, le quartier de Parmesan.
C'est cela surtout qui choquera, offensera, l'a-
ristocratique Marie-Louise. Et comme, cette fois
encore, on peut donner raison à Mme de Genlis :
« Les rois n'ont aucun usage du monde ! » Les
usages de ce monde où il pénétra tard, par la
violence et la force des choses, lui resteront toujours étrangers. Cette frugalité de l'Empereur
date de sa jeunesse. A Milan, en 1796, il se contente d'un dîner de quatre francs[1] ; à Rivoli,
il mange quelques biscuits et du pain de paysan.
A Elchingen, en 1805, il se déclare ravi des
deux œufs en omelette que lui prépare un curé
au milieu de la nuit. Le soir d'Austerlitz, son
repas sera maigre, pauvre. La veille d'Eylau,
il retire les pommes de terre les mieux cuites
de la cendre des feux de bivouac de ses grenadiers. Un morceau de pain de paysan russe,
noir, moisi, calmera sa faim à l'aurore de Fried-

---

1. « Le général en chef me charge de vous signifier qu'il demande pour lui une table de quarante couverts dont la dépense
n'excédera pas 4 francs par tête. Le dîner n'aura qu'un seul service, mais abondant et tenant lieu de deux plats. Toute table particulière doit être supprimée. » *Berthier à la municipalité de
Milan*, 18 mai 1796.

land et à la bataille de la Moskova il prend
du punch à dix heures du matin et attend jusqu'au soir pour manger un morceau de pain
trempé dans un verre de chambertin pur, chose
rare, car il le coupera toujours très abondam-
ment d'eau en temps ordinaire. Le lendemain,
il jeûne : les vivres du pays sont épuisés.

Ce soir, il trompe son impatience en accablant
ses convives de questions. A lui répondre, le
Pape, toujours sobre, cesse de picorer dans la
vaisselle d'argent aux armes de l'Empire. Le
repas terminé, Joséphine se lève ayant faim.
L'Impératrice, après le banquet, tient cercle jusqu'au moment où M. de Ségur annonce que les
pensionnaires de l'Opéra sont aux ordres de Sa
Majesté.

Le Pape prend congé et on marche jusqu'au
grand salon où les danseuses exécutent un ballet.
Quand quelques napoléons ont été perdus au
whist, l'Empereur se retire. La galerie de Diane
se vide lentement. On entend rouler les grands
carrosses sur le pavé de la cour. C'est ainsi
que se termine la première de ces soirées de
l'Empire qu'on déclarera si souvent monotones,
solennelles et fastueuses, où l'Empereur entre,
s'incline légèrement, fait quatre pas, dit deux
mots et disparaît pour veiller jusqu'à l'aube dans
le haut cabinet de travail silencieux où se règlent les destinées du grand Empire.

NAPOLEON Ier EMPEREUR DES FRANÇAIS
ET ROI D'ITALIE
NÉ A AJACIO EN CORCE LE 15 AOUT 1709

que ton cœur satisfait
contemple l'image d'un père
qui dit pour toi n'avoir rien fait,
quand il lui reste encor à faire.

LES IMAGES POPULAIRES DU SACRE.

(Cabinet des Estampes.)

VII

Les Louanges de Paris

Le 25 frimaire, de la place de Grève au perron de l'Hôtel de ville, ondule et se bouscule une énorme foule. Cela crie, clame, rit, plaisante et s'écrase autour des fontaines où jaillit du vin rouge, où tombe en nappe mousseuse le vin blanc. On s'empiffre devant les buffets monumentaux chargés de saucissons, de pâtés de gibier, de dindes ruisselantes d'onctueuse graisse. Contre un bulletin chacun reçoit sa part. L'ivrogne échange sa poularde contre le flacon de Bordeaux; le goinfre fait des prodiges pour atteindre la volaille convoitée. Puis, brusquement, le vide se fait autour des buffets assiégés. On déserte les fontaines jaillissantes. Les batteries du Pont-Neuf fracassent l'air de leurs tonnerres. On se précipite. Les carrosses du sacre avec leurs escortes arrivent. C'est l'Empereur qui, avec Joséphine, Joseph et Louis, se rend au gala où l'invita la municipalité.

Il n'a pu décliner ce que Louis XIV accepta le 30 janvier 1687; et, malgré sa lassitude apparente, il consent à figurer au banquet de la Maison communale.

Au perron, les conseillers municipaux, ayant à leur tête, Frochot, le préfet, et le maire Petit, reçoivent l'Empereur et sa suite. Petit prononce une harangue où il assure Napoléon de l'amour de ses sujets et de la fidélité de sa bonne ville de Paris.

Du perron, on gagne la salle des Victoires. Les murs disparaissent sous les trophées. Des portiques régnant autour de la salle portent des flammes, des étendards, des enseignes et vingt-cinq boucliers qui, en français et en latin, proclament les victoires et la renommée de Bonaparte. Les inscriptions sont laconiques et éloquentes:

L'an 1796, vainqueur, à Montenotte, à Millesimo, à Mondovi, les 11, 14, 16 avril;

Sur les rives de la Hure et du Tanaro, prise d'Albe et de plusieurs citadelles, le 25 avril:

Reddition de Ceva et de Tortone, le 29 avril:

Au confluent de la Trebia, où Titus Sempronius combattit sous des auspices funestes, passage du Pô, le 7; combat de Fombio, le 8 mai:

Bataille de Lodi, le 11 mai: le 14, il prend Crémone, d'où le consul P. E. Scipion put à peine échapper des mains d'Annibal;

Il passe le Mincio, prend Peschiera le 1er juin, fait son entrée dans Vérone, le 3;

*Ferrare, Ancône, Bologne étant livrées, les descen-
dants des Picentins, des Senoniens, des Boïens et des
Ligomiens sont réduits à l'obéissance, le 26 juin ;*

*Trois jours de suite il met l'ennemi en déroute au
bord de la Chièse et du lac de Garde, les 2, 3 et 4 août ;*

*Bataille de Peschiera, le 6 août, vers l'Adige et le lac
d'Edro ; prise de quatre forteresses, les 10 et 11 août ;*

*Aux gorges des monts Enganéens, fameux par la dé-
sertion de Scaurus et la fuite du proconsul Catulus,
bataille de Roveredo, le 6, et de Bassano, sur la Brenta,
le 8 septembre ;*

*On combattit dans les camps de Cécina, près le Tar-
taro, les 13 et 14 septembre, le blocus de Mantoue fut
complet, le 8 octobre, douze jours après la bataille de
Saint-Georges ;*

*A Arcole, l'ennemi occupant la tête du pont, Napoléon
y porte l'enseigne de la victoire, le 19 novembre ;*

*Bataille de Rivoli, 14 janvier ; ensuite il prend Man-
toue et protège Andes, en mémoire de Virgile, le 2 février 1797 ;*

*Le Rubicon passé, il marchait sur Rome ; il la res-
pecte, le 24 février ; le même jour on stipule la remise
des manuscrits, des tableaux, des statues ;*

*Passage du Tagliamento, le 26 mars. L'ennemi est
plusieurs fois battu à 11 milles d'Aquilée et de Gra-
disca, prise le 19 mars ;*

*Sur les sommets des Alpes Carniques, combat de Tar-
vis, le 23; prise de Trieste, le 24 mars ;*

*Avancé dans la Norique, au delà de la Drave, il s'ar-
rête le 7 avril ;*

*Dans son trajet d'Égypte, il prend Malte le 13 juin 1798
et Alexandrie le 1ᵉʳ juillet ;*

*Bataille des Pyramides, le 11 juillet. Prise du Caire et
de toute la basse Égypte, le 23 ;*

*Sur une frégate, il traverse une mer infestée d'enne-
mis, aborde à Fréjus, le 10 octobre 1799 et change le
destin des Gaules ;*

*Il franchit les sommets des Alpes pennines, renouvelle
les camps d'Annibal, vers le Tessin, ceux de Marius, le
29 mai 1800 ;*

*Irée, Verceil, Novare sont reprises : on s'empare de
tous les magasins de l'ennemi, près de Brescia, de Crémone et de Plaisance, le 7 juin ;*

*A Casteggio, où Claudius Marcellus remporta les
dépouilles opimes, il combat durant un jour entier, le
9 juin ;*

*Le 14 juin, il triomphe, à Marengo, des Germains,
des Russes, des Italiens et des Anglais confédérés ;*

*Consul perpétuel par un décret du Sénat, sanctionné
par le peuple, il ferme le temple de Janus et conclut, à
Amiens, le 27 mars 1801, la paix qu'il avait conquise ;*

*Salué empereur par un sénatus-consulte. Il est cou-
ronné le 2 décembre 1804.*

A ces louanges de Paris mêlées aux grands
souvenirs de la République romaine, Napoléon
sourit.

Comme jadis, aux généraux victorieux à qui
on offrait les présents de la reconnaissance nationale, la cité de Paris lui offre un magnifique
service de vermeil. Joséphine reçoit une toi-

lette en or, énorme bijou composé de cent bijoux.
Tandis que les élèves du Conservatoire, dirigés
par Plantade, exécutent la symphonie de Haydn,
on prend place autour des trois tables réservées
à l'Empereur (celle-ci sur une estrade couronnée
d'un dais), aux princes et aux princesses, et aux
grands officiers.

A ce dîner de moindre apparat, Napoléon
montre de l'appétit. Il redemande d'un chapon
aux marrons qu'il arrose de quatre verres de
chambertin. Joséphine se montre ravie de cet
appétit qui se révèle. On admet les assistants
qui, à distance respectueuse, peuvent circuler
autour des tables. Les musiciens préludent au
chœur de Ropiac. L'Empereur boit deux tasses
de café. Le banquet est à sa fin. Le silence
tombe quand les chanteurs font entendre les
premières paroles d'un hymne nouveau : *Vœu
de Paris.*

Visiblement satisfait, l'Empereur écoute l'é-
loge des strophes qu'accompagne une musique
de la meilleure composition :

> Que les accens de la Victoire
> Retentissent de toutes parts !
> Que l'univers chante la gloire
> D'un héros, favori de Mars !
> Minerve, à ses conseils, préside ;
> Elle le suit dans les combats ;
> De son glaive et de son égide
> Tour à tour elle arme son bras !

Napoléon sourit une fois encore. Le chœur reprend:

> Qu'à ses brillantes destinées,
> Un dieu daigne encore ajouter,
> Que le nombre de ses années
> Un jour ne se puisse compter! .
> Son règne sera sans orage;
> Vainqueur d'un ennemi pervers,
> Bientôt, l'Europe, à son courage,
> Devra la liberté des mers!

Joséphine écoute avec une attention dont chacun fera la remarque. L'Empereur frappe doucement du pied; instinctivement il accompagne la musique du couplet:

> Que dans nos temples l'encens fume;
> Que l'air brille de mille feux;
> Que le salpêtre qui s'allume
> Jusques aux cieux porte nos vœux!
> Que l'amour, la reconnaissance,
> A nos enfants dise son nom,
> Que partout on répète en France:
> Vive à jamais Napoléon!

On se lève. L'Empereur est satisfait. A cet instant « l'air brille de mille feux », et le « salpêtre s'allume». Ce sont les illuminations qui jettent leurs premières lueurs. Napoléon et Joséphine paraissent au balcon de l'Hôtel de ville. A la lueur éclatante des verres de couleur qui décorent la façade, on aperçoit distinctement l'Empereur. La clameur déchaînée de la foule le salue. Les musiques jouent avec fracas. Sou-

dain, la façade de l'Hôtel de ville flambe.
On voit apparaître un vaisseau percé de quatre-
vingts canons avec des mâts, des cordages, des
voiles et des oriflammes de feu. Puis, une mèche
pétille dans la main impériale. Une fusée jaillit
qui montre sur l'horizon enflammé les rocs et
les pics du Saint-Bernard. Des volcans éclatent
parmi des neiges éboulées. Et, le bras tendu,
impassible, serein, drapé dans son manteau, on
voit un Bonaparte de pourpre vive escalader la
montagne, dressé sur les étriers de sa cavale
emportée.

Mais le destin de la flamme s'accomplit. La
nuit revient et le cortège impérial pénètre dans
la salle du bal où sept cents personnes sont conviées. C'est un luxe inouï de toilettes, une vague
de soies et de velours, une moisson d'aigrettes
et de plumes balancées dans le flot de chaleur
qui pèse sur l'assistance. Les robes sont brodées
d'épis d'argent, de fruits d'or. Les coiffures dégagent les nuques roses. Aux poitrines brille
l'éclat froid des pierres précieuses, des camées
antiques soutenus par des chaînes d'or. Il y
a des coiffures à toquets à huit plumes blanches et à ganses de diamants. Les tulles se mêlent aux satins, les gazes lamées d'or aux étoffes
légères de Syrie.

Devant Leurs Majestés, le quadrille se forme.
Les princes avec les dames de la haute bour-
geoisie forment vis-à-vis à MM. Albert Grillon-
Deschapelles, Edouard de Galtz, Méjan, d'Oul-

tremont, de la Faulotte, Frochot, Germain, d'Al-
vimare, d'autres encore, qui, au nombre de trente-
deux, avec un brassard de soie à franges d'or,
offrent la main aux princesses et aux dames
de la cour. Aux figures des quadrilles succèdent les autres danses. Le maréchal Duroc offre
le poing à Mme Davillier, toute menue, toute
rose, toute blonde. La maréchale Ney a pour
cavalier M. de Galtz et Caroline danse avec le
fils de l'ancien régent de la Banque de France,
M. Germain.

Dans cette journée, le ballon de l'aéronaute
Garnerin a fait son ascension, vers sept heures
du soir. Quoique de proportions énormes et
très lourd, il s'est élevé avec grâce et le vent
léger l'a poussé vers le midi. Le lendemain, 17
décembre, il est tombé à huit lieues de Rome,
dans les eaux du lac Bracciano, à cinq heures
du soir [1].

1. On lit à ce sujet dans le petit volume de Cousin d'Avalon,
*Bonapartiana ou Recueil choisi d'anecdotes, de traits sublimes,
de bons mots, de saillies, de pensées ingénieuses, de réflexions
profondes de Napoléon Bonaparte, avec un aperçu des actions
les plus belles et les plus éclatantes de sa vie*, paru en 1820,
l'anecdote suivante : « Le jour de l'installation de Napoléon, au
trône, on éleva un énorme ballon portant une vaste couronne, qui
alla précisément tomber à Rome, sur le tombeau de Néron. Le
chef du gouvernement s'informa de ce qu'elle était devenue, et
force fut de le lui apprendre avec tous les renseignements possibles.
On s'attendait à de l'humeur. Il répondit seulement : « *Eh bien!
je l'aime mieux là que dans la boue.* » (p. 31) L'historiette a certainement été fabriquée après coup, car elle contient une double
erreur. Le ballon a été lancé, non le jour du sacre, mais le
25 frimaire (voir l'avis de M. Garnerin), et on sait pertinemment
qu'il est tombé à huit lieues de Rome.

Les pêcheurs ont cru à la chute d'un monstre et, traînant le taffetas prisonnier dans un filet, ils ont mené, par des crocs, la chose inconnue chez leur maître, le duc de Mondragone. Celui-ci a trouvé attaché au globe cet avis : « Le ballon porteur de cette lettre a été lancé à Paris, le 25 frimaire au soir, par M. Garnerin, aéronaute privilégié de Sa Majesté l'Empereur de Russie, et ordinaire du gouvernement français, à l'occasion de la fête donnée par la ville de Paris à Sa Majesté l'Empereur Napoléon. Les personnes qui trouveront ce ballon, sont priées d'en avoir soin, et d'informer M. Garnerin du lieu où il descendra. Il se transportera où le ballon sera tombé, s'il est nécessaire. »

La ville de Paris fit distribuer trente napoléons d'or aux pêcheurs, le cardinal Consalvi fit venir le ballon à Rome, où, dans une salle du Vatican on vint l'admirer. Trop endommagé pour pouvoir faire une nouvelle ascension lors du sacre à Milan, Napoléon décide que le ballon sera précieusement conservé en souvenir de la fête et de la rapidité qu'il mit à gagner l'Italie[1].

A l'Hôtel de ville, les derniers flambeaux s'éteignent à l'heure où la voix du maître appelle Constant au petit lever.

---

1. « Le ballon si heureusement arrivé à Rome le jour du sacre (*c'est le lendemain du 25 frimaire qu'il faut lire*) sera conservé précieusement pour constater cet événement extraordinaire : il faut le mettre dans un endroit où les voyageurs puissent le voir, et qu'une inscription constate qu'en tant d'heures, il est arrivé à Rome. « *Lettre de Napoléon à Pie VII*; Milan, 24 mai 1805.

*
* *

L'année se termine sur une distribution de cadeaux et sur des promotions. Cambacérès, Lebrun, Fesch, Duroc, Talleyrand, Caulaincourt, Ségur, Portalis et les maréchaux reçoivent le grand cordon de la Légion d'honneur. Chacun des archevêques et des évêques ayant assisté au sacre reçoit une tabatière avec le portrait de l'Empereur entouré de diamants, d'une valeur de 12 000 francs. Napoléon remet le tabac de mode[1]. Des évêques reçoivent en outre des anneaux, des rochets et *l'étoile* de la Légion d'honneur (ce n'est que plus tard qu'on dira : *la croix*).

Enfin, le 30 décembre, Portalis remet au cardinal-légat la note que voici :

Liste des ecclésiastiques composant le cortège de Sa Sainteté à la cérémonie du Sacre, et des sommes que Sa Majesté impériale a ordonné de leur faire remettre

	Francs.
Mgr Feneja, archevêque de Filippi, vice-gérant de Rome. . . . . : .	3 000
Mgr Devoti, archevêque de Carthage, secrétaire des brefs aux princes	3 000
Mgr Bertazzoli, archevêque d'Edesse, aumônier de Sa Sainteté	3 000
Mgr Menocchio, évêque de Porphyre, sacriste de Sa Sainteté	3 000

1. « C'est une mode et c'est une élégance au temps de Napoléon de priser ; et le cadeau est toujours bienvenu d'une tabatière garnie de diamants, plus que de tabac. » L. Augé de Lassus, *la Vie au Palais-Royal* (1904).

	Francs.
Mgr Nasalli, prélat romain et chanoine résident de la cathédrale de Plaisance, faisant les fonctions de sous-diacre	3 000
Mgr Edouard Walsch, chanoine de Saint-Pierre au Vatican, attaché à la Légation du Saint-Siège, faisant fonctions de porte-mitre	1 500
Mgr Testa, camérier intime de Sa Sainteté et secrétaire des lettres latines, chanoine de Sainte-Marie-Majeure, faisant fonctions de porte-grémial	2 000
M. Salomon (l'abbé) faisant fonctions de porte-croix	400
Mgr Joseph Zucchi, faisant fonctions de maître de cérémonies	2 400
Mgr Raphaël Mazio, camérier d'honneur de Sa Sainteté et secrétaire de la Congrégation cérémoniale, attaché à la légation du Saint-Siège, faisant fonctions de maître de cérémonies	2 400
Mgr Mancurti, camérier intime de Sa Sainteté	1 200
Mgr Calderini, camérier intime de Sa Sainteté	1 200
Mgr Sala, camérier intime de Sa Sainteté	2 000
Mgr Braga, aumônier intime de Sa Sainteté	1 200
Mgr Speroni, aumônier intime de Sa Sainteté	1 200
Mgr Frediani, aumônier intime de Sa Sainteté	1 200
M. l'abbé D. Raphaël de Monachis, égyptien, professeur de langues à la Bibliothèque impériale, diacre grec	1 200
M. l'abbé della Rocca, de Constantinople, demeurant dans le diocèse de Versailles, sous-diacre grec	1 200
M. Sancti, frère laïque de Mgr Sacriste, aide du sacriste	500
Total	34 600

Et c'est sur cette pluie de napoléons et de décorations que se clôt la première année du règne magnifique et fastueux de Napoléon le Grand.

LIVRE III

La Campagne du Sacre

I

L'An IX

Cette année 1805 semble être, pour l'éternité, dorée et lumineuse du soleil que l'Empereur convoqua au rendez-vous guerrier d'Austerlitz.

Le sacre est le prélude de cette rapide et éclatante épopée où l'Italien[1] couronné châtiera les barbares par la force du glaive latin. « Empereur par la grâce de Dieu et les constitutions de

---

1. « Lorsqu'il a été question du couronnement par le Pape à Paris, cet acte de la plus haute importance, ainsi que l'ont prouvé les événements, essuya de grandes difficultés. Le parti autrichien, dans le conclave, y était violemment opposé ; le parti italien l'emporta en ajoutant aux considérations politiques cette petite considération de l'amour-propre national : après tout, c'est une famille italienne que nous imposons aux barbares pour les gouverner. Nous serons vengés des Gaulois. » *Mémorial de Sainte-Hélène.*

la République», il promulgue désormais des lois qui affirment l'hégémonie de l'Empire reconstitué. L'outil forgé par son génie est digne des grandes choses qu'il médite d'accomplir. Il élimine peu à peu en lui cet esprit corse défini si exactement autrefois, par Lacombe Saint-Michel [1], et de plus en plus il apparaît à l'observateur comme un de ces grands rameaux jaillis du sol toscan qui donna Galilée, Machiavel, les Médicis et qui refleurit sur la terre des Gaules en Napoléon. Sa politique cesse d'être prudente, sournoise, comme elle fut quelquefois. Il se sait le maître, le dicteur d'ordres, le dicteur de lois. Son organisation civile militarise. Sachant qu'il est des consciences qui ne désarment pas au spectacle de la fortune la plus heureuse, la plus brillante même, il méprisera l'amour de ses sujets et les forcera malgré eux à l'admiration. Jusqu'à la proclamation du sénatus-con-

---

1. « La Corse, quoique faisant partie de la France, ne lui ressemble en aucune manière. Qu'on se figure une contrée où l'esprit public est inconnu; dont les habitants sont partagés en une foule de petits partis, ennemis les uns des autres; dont les chefs ont tous le même but, celui de se procurer de l'argent, quels que soient les moyens; dont la première attention est de s'entourer de créatures entièrement à leur disposition, et de leur donner exclusivement toutes les places. On n'est pas Corse sans être d'une famille, et par conséquent attaché à un parti. Celui qui ne voudrait en servir aucun serait détesté de tous, encore si on ne lui faisait pas un plus mauvais parti. Je suis convaincu qu'il n'est presque pas possible à un Corse d'être juste dans son pays, ni comme administrateur, ni comme juge, ni comme militaire. Le voulût-il, il ne le peut pas. » *Rapport du citoyen Lacombe Saint-Michel, représentant du peuple à la Convention nationale, au citoyen ministre de la guerre* (10 septembre 1793).

sulte, il est resté pour la masse un problème politique. On n'a vu en lui que ce *mécanicien de la
victoire,* ce *géomètre des batailles,* que de petits
couplets chantèrent après son élection à la sec-
tion de mécanique à l'Institut[1].

> Collègues, amants de la gloire,
> Buonaparte en est le soutien,
> Pour votre mécanicien
> Prenez celui de la victoire!

Les soldats l'ont acclamé avec frénésie. Ils
n'ont vu en lui que le victorieux, le conquérant.
Les officiers l'ont jugé plus sévèrement. Les uns
l'ont accusé de les avoir trompés, et non sans
raison. « Il nous a tous joués, écrira Poussielgue, l'administrateur des finances en Egypte,
quant à moi je ne lui pardonnerai pas. Il pou-
voit s'en aller et je ne l'aurois pas suivi malgré
lui, mais manquer de confiance envers ceux
qu'il laissoit chargés du lourd fardeau des
affaires et qui devoient croire avoir acquis des
droits à une confiance illimitée, c'est une espèce
de mépris, c'est une injure qu'on n'oublie pas[2]. »
Les autres lui ont reproché, à tort pourtant,
la partialité, cette partialité corse signalée dans
le rapport de Lacombe Saint-Michel; beaucoup
lui tiendront rigueur de leur avoir masqué aussi
complètement ses secrets desseins.

---

1. L'Institut l'élut sur la proposition de Lebrun.

2. Lettre autographe de Poussielgue, Le Kaire, 16 fructidor
an VII (1 p. in-folio). (*Collection Paul Dablin.*)

Au lendemain de la campagne d'Italie, et avant brumaire, cette manière de mystère, cette équivoque dans l'attitude, n'était pas passé inaperçue. On doutait encore de ses desseins. « Comment croire, écrivait la *Quotidienne*, que Bonaparte, après avoir porté les armes françaises plus loin que Villars et Vendôme, veuille devenir l'émule de Rossignol et de Ronsin? Mais supposons que celui-ci se prêtât à l'exécution de ce plan odieux. Eh bien, l'instant qui le verrait donner à ses troupes l'ordre de marcher contre la capitale, cet instant aurait déjà flétri ses lauriers et préparé son échafaud. Le jour de son horrible triomphe serait la veille de son supplice; le lendemain ses succès appartiendraient à l'histoire et sa tête au bourreau. »

Mais les temps héroïques du jacobinisme étaient révolus. La haine des tyrans et des despotes s'éteignait lentement dans ces cœurs où brûla l'amour sacré de la République. Cri sans écho! appel superflu et vain! Cet « horrible triomphe » s'était terminé par le *Te Deum* et le *Vivat Imperator* de Notre-Dame, et cette tête promise au bourreau était laurée aujourd'hui de la couronne civique des Césars.

*
 * *

L'aurore du 1er janvier 1805 (11 nivôse, an XIII) fut pareille à celle du matin du sacre.

Six pieds de neige encombraient les rues où

se pressaient les équipages en route vers les Tuileries, et la foule amassée — malgré les 5° de condensation du thermomètre de l'ingénieur Chevalier — pour voir défiler ces cortèges somptueux et élégants dont elle fut si longtemps privée. Dans ces cortèges cavalcadant vers le Carrousel ou le Champ-de-Mars, où il y a revue de la garnison, triomphe Murat, le beau Murat. C'est un rare spectacle que de le voir caracoler, à la tête de son état-major, ce guerrier de bal et de souper galant, l'ex-abbé Murat qui, pour les chamarrures d'or, délaissa le petit collet. Ce que Paris applaudit en lui, c'est son aspect théâtral. Il parade comme sur des tréteaux et ce n'est point de l'affectation chez le fils de l'aubergiste. Il a bravé avec autant de crâne élégance les boulets ennemis que les sourires des Parisiens qu'il conquiert. Ainsi fait, il paraîtra loin d'être ridicule et il fera comprendre Napoléon faisant venir de Paris le chapeau et l'habit démodés portés à Marengo, pour passer dans ces loques glorieuses aux galons ternis, la revue des armées dans ces champs illustrés à l'aurore de sa fortune. Cette revue, passée en 1805, ce n'est plus celle d'une armée « sans habillement, sans souliers[1] », délaissant dans les fossés ses chevaux morts de faim, et à deux doigts de sa ruine, c'est une armée neuve, reconstituée, l'é-

1. Lettre du général en chef Jean-Étienne Championnet, au quartier général de Nice, le 29 fructidor, an VII, au général Quantin, à Marseille.

pouvantail hérissé d'aigles dont l'Empereur menace l'Angleterre. Et c'est pourtant encore cette
admirable et magnifique, cette incomparable et
unique armée de Marengo, car ces légionnaires
de l'an VII devenus grenadiers de la garde,
ce sont ceux-là mêmes qui menèrent dans ces
plaines la danse dure aux Autrichiens.

A Paris, cette armée est acclamée en la personne de ses maréchaux. Le 16 nivôse (9 janvier), ils offrent, dans la salle de l'Opéra, une
fête, un « gala » à Joséphine. Longtemps on en
a parlé d'avance, comme d'une fête somptueuse
incomparable, où des merveilles seront réalisées.
Et de fait, l'espoir n'a pas été déçu. Les choses
ont été faites avec splendeur: chaque maréchal
a déboursé 10 000 francs.

Un vaste plancher volant a été posé sur le
parterre et l'orchestre, la scène se trouve ainsi
de plain-pied avec la salle, et cette salle présente
à l'œil le spectacle le plus inattendu et le plus
ravissant. quelques jours cependant après le sacre, le gala de l'Hôtel de ville et les fêtes des
Tuileries qui ont enthousiasmé les plus difficiles,
ceux-là mêmes qui ont estimé que rien ne pouvait égaler le faste mort et fané du Versailles de
la royauté.

Des guirlandes de fleurs naturelles courent
au long des loges, mêlées à des étoffes de gaze
d'argent, allant des colonnettes grêles aux torsades de cuivre doré des lustres innombrables
qui inondent la salle d'une vive lueur incandes-

cente. Aux trophées succèdent les aigles éployées, crucifiées dans la pourpre des tentures. Ici le chiffre de l'Impératrice, là, la grande majuscule impérieuse, l'N dominatrice du maître.

On lève les yeux. La décoration ordinaire du plafond a fait place à un ciel clouté d'innombrables étoiles. De ce ciel céruléen descendent des draperies semées elles aussi d'étoiles. Partout l'or neuf et flambant des emblèmes impériaux se marie aux tons expirants des fleurs penchées dans la chaleur extrême que dégagent les lumières des lustres.

A neuf heures la salle est remplie, éclatante de toilettes. Les revenus de plusieurs années ont été engagés dans ces robes d'apparat qui endetteront longtemps celles-là qu'elles drapent. Mais chacun, à cette première heure de l'an IX de l'Empire, a foi en l'étoile du Maître, et en sa fortune.

Les princesses font leur entrée et bientôt l'Impératrice les suit. Une fois de plus, sa beauté onduleuse et langoureuse courbe devant elle les hommes soumis à sa double gloire de jolie femme et de souveraine. De la Joséphine « un peu avariée, comme la France, lorsque Bonaparte se sentit une furieuse envie de posséder l'une et l'autre[1] » ; de cette Joséphine-là, personne ne veut se souvenir ce soir, devant la radieuse beauté de l'Impératrice. Et, prodige

---

1. E.-H. de Vogüé, *Pour Joséphine* (1901).

rare refusé à Napoléon, ces cœurs sur lesquels elle règne ce soir, dans l'éclat lumineux de cette fête, ces cœurs lui resteront un jour fidèles dans l'exil, et leur souvenir mélancolique et silencieux sera cher alors à la solitude de la Répudiée.

Mais les tambours battent. Cette fête offerte par les guerriers demeure guerrière. Le ban qui chante sur les peaux sonores accueille le cortège de l'Empereur composé de ses frères, de Caffarelli, Law de Lauriston, Le Brun, Rapp, Savary, Le Marois, François (de Neufchâteau), Fontanes, Berthier, Talleyrand, Portalis, Champagny, Decrès, Fouché, Fabre (de l'Aude), Jard-Panvillier, Sabrue, ces trois derniers membres du Tribunat, et fermé par les colonels-généraux de la garde, Soult, Davout, Bessières et Mortier. L'Empereur marche à l'estrade où des fauteuils sont préparés pour la cour. La salle entière est debout, inclinée devant le maître qui la salue d'un rapide signe de tête.

Le concert comprend divers morceaux importants parmi lesquels ceux exécutés par Chéron, Roland et Lays sont particulièrement applaudis, surtout l'air de *Charmante Gabrielle*. Le *Vivat Imperator* de l'abbé Roze, célèbre depuis le jour du sacre, obtient son succès habituel quand il termine le concert. Au bal, qui succède, le maréchal Ney danse avec la maréchale Duroc, Murat mène le pas avec la princesse Louis Bonaparte et Berthier fait vis-à-vis à la maréchale Bernadotte.

Napoléon circule parmi les danseurs. On remarque ce soir son amabilité souriante qui va aux dames qu'il remarque particulièrement. Il

NAPOLÉON Ier
Empereur des Français, Roi d'Italie,
Protecteur de la Confédération du Rhin.

fait deux tours dans la salle, se déclare enchanté de la fête, et part.

Il est minuit.

Cinq jours plus tard, nouvelle fête. Cette fois c'est le Corps législatif qui convie la cour à assister à l'inauguration de la statue de l'Empereur.

dans sa salle des séances. Napoléon a le bon
goût de venir en retard, et c'est devant l'Impératrice et sa suite que Murat et Masséna ar-
rachent la soie verte qui recouvre la statue.
Alors on s'aperçoit que le sculpteur Chaudet a
figuré l'Empereur entièrement nu, en héros romain. Et pour l'amour du romain on admire
de confiance.

Aux fêtes succèdent les fêtes. L'Empereur paraît dans plusieurs bals qui se donnent en son
honneur et fait un tour de valse. Il danse mal.
Quand il s'est retiré, il retourne aux Tuileries
travailler jusqu'à une heure avancée.

Aux camps de Boulogne, il a toujours une
armée qui attend, une armée à qui il promit la
conquête de l'Angleterre. Peu de promotions militaires à cette époque. Napoléon attend l'entrée
en campagne et, en temps de paix, il sait se mon-
trer avare d'avancements [1].

Le 2 février, cependant, il y a une promotion
dans la Légion d'honneur. Il fait grand'croix
Berthier, déjà nommé grand veneur; le même
titre échoit à Jourdan, à Lefebvre et à « l'enfant chéri de la victoire », Masséna, le héros de
Gênes.

Aux fêtes de la cour succèdent et se mêlent
les fêtes du peuple. Le 25 février, un cortège

---

1. « Je connois Bonnaparte (*sic*) et autant il sera jaloux de donner un avancement appuié par quelque grand service rendu, autant il répugnera à le donner avant une entrée en campagne. » Le
général Victor Moreau à Lecourbe (8 ventôse).

pompeux, picaresque, truculent et turbulent se déroule sur les boulevards. Des seigneurs costumés à la Henri IV, en cravates blanches, en bottes à la hussarde marchent en rangs serrés. Une troupe éparse de Romains comiques, de Grecs en toges multicolores et de sauvages à coiffures de plumes, suit. Puis viennent des Mamelucks, des fifres et des tambours commandés par un tambour-major monumental dont les moustaches font pâmer d'aise les grisettes en coqueluchon. Devant cette bande bruyante, seul, drapé dans une peau de mouton, marche un petit enfant blond, tout frisé, tout menu, et ce petit enfant tient un aigle captif sur son poing. A sa suite roule un char pesant enguirlandé, décoré, chargé de drapeaux, de trophées, de fleurs, parmi lesquelles sommeille, l'œil vague et terne, un bœuf de 1 400 livres. C'est le cortège du bœuf gras qui se promène dans Paris. Depuis 1790, on n'a point pu acclamer en lui le triomphe de la boucherie. Avec l'Empire, le voici revenu. Autre motif — minime sans doute — de reconnaissance de Paris pour l'Empereur. C'est par ces menus faits qu'il impose la sensation de la prospérité revenue.

Murat, déjà populaire, gagne à lui les cœurs des paroissiens de Notre-Dame-de-Lorette dont il est marguillier. Le jour de Pâques, il offre le pain bénit en grand uniforme. On donne de la brioche fumante aux pauvres du parvis.

A la rive du Jardin des Plantes, le coche d'eau

d'Auxerre fait naufrage. La barque sombre avec un chargement de savon en briques que les ménagères viennent pêcher au courant du fleuve. Et Paris rit pendant huit jours de pouvoir se laver gratuitement de par la bonne plaisanterie de Neptune goguenard. L'Académie reçoit M. Suart, « ennuyeux quand on ne l'entend pas », et à son discours répond M. Lacretelle « ennuyeux quand on l'entend ». Paris, délivré de la hantise de 93 et du cauchemar de la Terreur, respire et se reprend à plaisanter plus librement. On siffle Chénier au Théâtre-Français, et le poète Lemercier succombe sous les railleries de ceux qui acceptent l'Empire, pour avoir dit à Napoléon, qui le persécutait:

— Vous voilà empereur, et vous avez fait le lit des Bourbons. Vous n'y coucherez pas dix ans [1].

*
* *

L'organisme intérieur de la cour est constitué. Sur les protocoles anciens, le nouveau protocole, que régit M. de Ségur, s'est modelé. Ce qu'est cette cour, ses rouages, son fonctionnement, M. Frédéric Masson nous l'a dit avec une minutie qui tient du prodige. Les revenus de l'Empereur se montent à 36 millions de francs répartis ainsi:

	Francs.
Liste civile de l'Empereur	25 000 000
Bois et domaines de la couronne	3 000 000

---

1. J. Michelet: *Histoire de la Révolution française (Du 18 brumaire à Waterloo)*, chap. IX. p. 73.

Francs.

Liste civile d'Italie [1] 4 000 000

Liste civile et domaine de Piémont [2] . . .   3 000 000

Revenus divers de Toscane [3] 4 000 000

Sur ces revenus, médiocres il le faut dire, étant donnée l'étendue du territoire de l'Empire, Napoléon réalisa le prodige d'obtenir de 10 à 11 millions d'économies annuellement. En effet, jamais, même pendant l'année du sacre où un flot d'or coula des Tuileries à travers les industries parisiennes, les dépenses du budget de la maison impériale ne dépassèrent 20 ou 21 millions. Qu'à ce budget on compare celui de Louis XIV, par exemple, et on verra ce que le génie si multiple de Napoléon a réalisé avec des ressources infiniment moindres. Ces économies lui ont permis au lendemain de la fuite des Bourbons, en 1815, de reconstituer les ressources de la France ; elles lui ont permis d'équiper et d'armer la plus ardente des armées de l'Empire, de faire face à toutes les dépenses immédiates — et on sait leur chiffre — de ces heures où il incarna véritablement l'esprit de la Révolution resurgi des ténèbres de 93, où il fut un des moments de la race française levée à son dernier appel.

1. Les revenus d'Italie étaient en réalité de 8 millions. La moitié en était abandonnée comme liste civile au prince Eugène.

2. Sur cette liste, le prince Borghèse, nommé gouverneur, toucha 1 500 000 francs.

3. La princesse Bacciochi, devenue grande-duchesse, reçut la moitié des revenus de Toscane.

Voici des chiffres. Leur liste seule dit ce que fut la splendeur de cette cour guerrière qui surpassa en éclat celle du Roy-Soleil, qui remplit les Tuileries, seize années durant, d'une armée de chambellans, splendeur où l'industrie française et le commerce national trouvèrent leur fortune et assurèrent les bases d'une prospérité que les longues années d'un destin contraire parvinrent à peine à ébranler. Parmi les budgets de la maison impériale, ceux que voici montrent quel esprit présidait à leur répartition :

Budget du grand maître de la maison :

La bouche[1], éclairage, chauffage, le domestique 2 000 000

Budget du grand chambellan :

La garde-robe, les spectacles de la cour, la musique de la chapelle, les fêtes, les chambellans de l'Empereur et de l'Impératrice 3 000 000

Budget du grand écuyer [2] :

Chevaux de l'Empereur et de l'Impératrice, voitures, équipages 4 000 000
Budget du grand maître des cérémonies. .   300 000
Budget du grand veneur. 700 000
Budget de la chapelle. 300 000
Budget des bâtiments et du mobilier . .   6 000 000
Budget de la garde-robe de l'Empereur .   40 000

---

1. « La table était d'un million, et pourtant le dîner de la personne de l'Empereur n'était dans ce compte que pour 100 francs par jour. » (*Mémorial de Sainte-Hélène*, t. IV, p. 177.)

2. Le nombre des chevaux des écuries impériales était de douze cents, quoique l'Impératrice n'eût point d'écurie particulière, ayant à son service les équipages de l'Empereur

La liste des appointements des dignitaires de la Cour n'est pas moins significative :

	Francs.
Le grand maréchal	100 000
Le grand chambellan	100 000
Le grand écuyer	100 000
Le grand aumônier	80 000
Le grand veneur	80 000
Le grand maître des cérémonies	60 000
Le grand trésorier	40 000
L'intendant du Palais	40 000
Le premier préfet du Palais	30 000
Le chevalier d'honneur de l'Impératrice	30 000
La dame d'honneur	40 000
La dame d'atours	30 000
Les chambellans { 1re catégorie	12 000
2e catégorie	6 000
3e catégorie	3 000
Les écuyers	12 000
Les maîtres d'hôtel	15 000
Les maîtres de cérémonie	15 000
Les aides de camp, officiers de la maison	24 000
Le maître de la garde-robe de l'Empereur	12 000

A Madame Mère, l'Empereur accorde un million de revenus en l'installant dans le somptueux hôtel de Brienne, au boulevard Saint-Germain. Il apprend qu'elle fait des économies sur ses revenus et, outré de ce manque de confiance maternelle en la solidité de sa fortune, de cette prévoyance superflue et inutile pour des années de malheur que sa race n'est point appelée à connaître maintenant qu'elle est dynastique, il s'emporte en violents reproches.

— J'entends, commande-t-il péremptoirement à sa mère, que vous dépensiez votre million.

Et elle, de répondre :

— J'y consens, à condition que vous m'en donniez deux.

Ce mot épargne l'étude du caractère de Lætizia.

II

Le Prix du Sacre

Silencieux et résigné, du moins en apparence, le Pape traversait toutes ces fêtes du Paris impérial. Pendant quatre mois, après le sacre, on le vit errer à travers les appartements des Tuileries, parmi son pourpre cortège de cardinaux bavards et de camériers rusés, « cette clique du Pape[1] » devait dire plus tard Napoléon. Il passait bénissant, dans un murmure de dévotions agenouillées et prosternées devant son geste étroit et las. On n'était pas parvenu à l'instant des discussions; entre le moine Barnabé Chiaramonti et Bonaparte, le prix du sacre n'avait pas été débattu encore.

En attendant cette heure on le promenait dans Paris en grand et magnifique équipage. Le car-

1. Lettre de l'Empereur à Eugène de Beauharnais, vice-roi d'Italie, 3 janvier 1811.

rosse était à deux chevaux avec des valets français remplaçant les domestiques italiens. L'escorte était pareille à celle des voitures de
l'Empereur: vingt hussards.

Denon, le directeur général des musées impériaux, servait de cicerone. Le 22 nivôse, (12
janvier) on alla à l'Hôtel-Dieu, qui émerveilla
Pie VII par sa propreté et le bel air de ses ma-
lades. Le 30 janvier, le cortège s'arrêtait devant
l'imprimerie impériale où on avait composé, en
cent langues différentes, le *Pater noster*. Cent
cinquante presses manœuvrèrent à la fois[1]. On
offrit au Pape une poésie imprimée en espagnol,
en latin, en grec, en portugais, en italien, en
allemand, et relative à sa visite. On l'initia aux
secrets de la mise en pages, du tirage et au mé-
canisme des presses.

Successivement, Pie VII fut à la Monnaie, qui
frappa en sa présence des pièces d'or et d'argent; au Conservatoire des Arts; au Bois-de-Bou-
logne, dont on lui fit visiter les terrains de
chasse de l'Empereur; à la Malmaison, où le
souper le retint jusqu'à une heure du matin; le
23 février, aux Sourds et Muets; le 14 mars, au
Jardin des Plantes.

Cette visite du Paris pittoresque, artistique et
littéraire, ne l'excluait pas des soins de l'Eglise.

---

1. « *Allocutio et encomia, variis linguis expressa quæ summo
Pontifici Pio VII typographiæ imperiale Musœum invisenti
obtulit Joannes Josephus Marcel, typographæi Imperialis admi-
nister generalis. Lutetiæ Parisiorum typis imperialibus. Anno
reparatæ salutis 1805, imperiique Napoleonis primo.* »

Presque toutes les chapelles et tous les sanctuaires de Paris virent la foule s'écraser aux
messes qu'y célébrait le Pape. On baptisait des
jeunes filles juives qui se convertissaient, sou-
dainement touchées par la grâce. Le 14 janvier,
Portalis avait, sur l'ordre de l'Empereur, remis
des anneaux aux évêques d'Aqui, d'Aix-la-Chapelle, de Valence, de Mayence, d'Ajaccio, de Na-
mur, de Verceil, d'Amiens, d'Autun, de Nice,
de Saluce, de Cambrai, de Poitiers, de Clermont,
de Mondovi, d'Asti, de Tournay, de Digne, de
Trèves, de Troyes et de Grenoble. En revanche,
Pie VII accordait deux chapeaux : Cambacérès et
du Belloy étaient nommés cardinaux le 1er février[1], et le lendemain, à Saint-Sulpice, le Pape
consacrait les évêques Paillou et de Pradt. Les
rapports entre les Tuileries et le pavillon de
Flore étaient des plus cordiaux. En attendant de
demander, le Pape offrait ; il offrait à Napoléon de
canoniser un Bonaparte mort jadis en odeur de
sainteté[2]. L'Empereur refusait l'offre comme il

---

1. Dépêche du cardinal Antonelli au cardinal Consalvi, 2 février 1805.

2. « Il y avait jadis un Bonaventure Buonaparte qui vécut et
mourut dans un cloître. Le pauvre homme reposait tranquille-
ment dans sa tombe ; qui que ce soit ne pensait plus à lui ; on
n'y pensa que lorsque je montai sur le trône de France. Alors, on
découvrit qu'il possédait de nombreuses vertus que personne ne
lui avait jamais attribuées auparavant, et le pape me proposa de
le faire canoniser. « Saint-Père, lui répondis-je, pour l'amour de
Dieu, épargnez-moi le ridicule de cela ! Comme vous êtes en mon
pouvoir, tout le monde dira que je vous ai forcé de faire un saint
d'un membre de ma famille. » Barry O'Meara, *Napoléon dans
l'exil*, Londres, 1823, t. II.

devait refuser la demande que Pie VII allait
lui faire.

Le 3 germinal (24 mars), il y eut à Saint-Cloud
un baptême solennel. L'Empereur tenait sur
les fonts baptismaux, assisté de Son Altesse Impériale Madame, Mère de l'Empereur et Roi, le
fils de Louis Bonaparte. Pour quel glorieux
destin l'eau qui allait couler sur ce jeune front
allait-elle consacrer Louis-Napoléon ? Sur cette
tête de grands projets pesaient déjà, et c'est sur
ces tempes que l'Empereur méditait de poser
la lourde couronne de fer des Lombards.

On avait, dans un des salons de l'Impératrice,
reconstitué le *Salon du Lit*, en honneur autrefois
aux baptêmes royaux de Versailles. Sous un dais,
et élevé de trois marches, se dressait le lit monumental chargé du manteau d'hermine où allait
se draper l'enfant. Dans les plats d'or reposaient
ses *honneurs* et ceux du parrain et de la marraine.

La galerie du château avait été convertie en
chapelle, c'était là qu'attendait Pie VII. Les grandes portes ouvertes par les chambellans on vit
s'avancer le cortège lumineux, que le soleil de
mars éclairait de ses vives lueurs dorées.

Précédés de M. de Ségur, du grand écuyer et
du grand maréchal du palais, venaient le parrain majestueux et l'impériale marraine, camée
antique sous le reflet bleuté de son casque de
cheveux lourds.

L'Impératrice suivait, le manteau soutenu par

les maréchales Bernadotte, Bessières, Davout et
Mortier. Porté par la gouvernante, Mme de Bou-
bers, venait « Monsieur le Petit-Chou », l'enfant
chéri de l'Empereur. L'escortant, Mme de
Bouillé portait la salière, Mme de Montalivet,
le chrémeau, la maréchale Lannes, le cierge,
Mme de Serrant, la serviette, Mme Savary, l'ai-
guière, Mme de Talhouët, le bassin.

Les belles mains de Napoléon tinrent l'enfant
sur les fonts et le Pape versa l'eau qui inonda
le front. L'enfant s'appela Napoléon-Louis.

Et ce baptême impérial se consommait le jour
de germinal, dans les lieux qui avaient vu l'opé-
ration des grenadiers au 18 brumaire. Des parcs
venaient les cris de fête de la foule, admise à
se ruer sur les vertes pelouses fleuries, où avait
détalé, jadis, la fuite des Anciens dispersés sur
la volonté du peuple, à l'ordre de Bonaparte.

*
* *

Pie VII avait-il pris à la lettre le discours pa-
pelard de Fontanes du 30 novembre; ce discours,
où le traducteur de l'*Epître sur l'édit en faveur
des non-catholiques*, déclarait: « Ce n'est plus le
temps où le sacerdoce et l'empire étaient rivaux,
tous les deux doivent se donner la main pour
repousser les doctrines funestes qui menacent
l'Europe d'une subversion totale, puissent-elles
céder pour jamais à la double influence de la
religion et de la politique réunies! » Dans les

replis insidieux de ces molles phrases dormaient toutes les promesses et souriaient tous les espoirs. C'est là ce qui abusa Pie VII. Encouragé de toutes parts, conscient de l'énorme et extraordinaire complaisance apportée à venir couronner dans sa capitale le jacobin qui s'oubliait encore à parler de l'*Etre suprême*[1], il estimait sa soumission à un haut prix. Alors s'engagea le duel courtois, rusé, où l'Empereur devait triompher du Pape, le soldat du moine. Parmi ses réclamations et demandes diverses, le Pape exigeait une loi déclarant la religion catholique dominante en France. Il demandait le rétablissement du culte dans l'église profanée de Sainte-Geneviève, l'abrogation de la loi du divorce. Points culminants de son mémoire, les autres questions spirituelles pivotaient sur celles-là.

Quant au matériel, les demandes n'étaient ni moins nombreuses, ni moins exigeantes. Le Saint-Siège, privé par l'occupation française du prélèvement des impôts ordinaires, demandait leur rétablissement. On attendait de l'Empereur l'augmentation du traitement des cardinaux; et enfin, le retour. au gouvernement du Vatican, d'Avignon, du Comtat, de Spolète, de Bénévent, des Etats de Parme, de Plaisance, la Romagne, le Bolonois, le Ferrare qu'occupa le Directoire, et les possessions de la Mesola.

Ces prétentions énormes, faites pour provo-

---

1. *Lettre aux évêques*, 3 décembre 1804.

quer le refus net, brutal, furent discutées lon-
guement par l'Empereur. Son mémoire du 13
mars y répondit[1]. Il ne pouvait être question
de rendre Avignon, le Comtat, et les autres
Etats, prix des victoires de la République, prix
de l'Empire. Empereur des Français, il ne pouvait retrancher Avignon de la communion dé-
partementale; roi d'Italie, il lui était impossible d'opérer la scission d'un peuple qui venait
s'offrir à lui et lui tendre la couronne du royaume cisalpin. Déclarer la religion catholique dominante? Ce serait porter le plus grave préjudice à la religion elle-même et réveiller des
haines endormies, des fureurs éteintes. Une
raison de même valeur argumentait contre l'a-
brogation de la loi du divorce. Les cardinaux
pouvaient compter sur la sollicitude de l'Empereur, et, quant au Panthéon: « Sa Majesté
rendra au culte le temple de Sainte-Geneviève,
patronne de Paris[2]. »

A cela aboutissaient les prétentions de Rome
et c'est peut-être à cause de cela que Consalvi
écrit dans ses *Mémoires*[3] que la conduite de
l'Empereur fut inqualifiable, mesure qu'il n'a-
dopte cependant pas pour garder le « sang-
froid » de sa « dignité convenable ».

Une fois de plus, l'Empereur s'était — grâce

1. Archives du ministère des affaires étrangères.
2. Article 7 du *Mémoire*.
3. T. II. p. 404.

à l'aide roublarde de Fesch, cependant — montré avec ce génie particulièrement souple, rusé et avisé de sa race.

Italien contre Italien, la lutte avait été égale et le beau joueur, c'était lui. « Un agneau, un brave homme », a-t-il dit plus tard, à Sainte-Hélène, de son adversaire de 1805. Il y avait sous l'éloge la commisération ironique et souriante du partenaire heureux et un peu méprisant. Les sentiment de Pie VII, longtemps contenus, éclatent dans sa bulle d'excommunication. Promesses vaines, promesses fallacieuses, promesses non tenues, espoirs mensongers, c'est le leitmotiv auquel il bornera son lamento. Ses plaintes, qui pouvaient être grandes et hautes, il les diminue singulièrement avec une puérilité qui apparaît d'une façon touchante et naïve. A ce vieillard courbé et las, flamme défaillante de l'Eglise romaine, la diplomatie apparut comme un jeu d'enfant, ou du moins crut-il bon d'en user ainsi. Etait-ce calcul, était-ce ignorance? Les deux, peut-être. Machiavélisme maladroit qui ne pouvait échapper au regard de l'Empereur. Moins d'un an plus tard, il le déclarera nettement à Pie VII: « Très Saint-Père, je l'ai dit quelquefois à Votre Sainteté, la cour de Rome est trop lente, et suit une politique qui, bonne dans des siècles différents, n'est plus adaptée au siècle où nous vivons[1]. » Cette politique en

____

1. *Correspondance de Napoléon Ier*, t. XI, p. 119, n° 9091. Du camp impérial de Boulogne, 19 août 1805.

conflit avec celle de l'Empereur devait fatalement, logiquement, nécessairement amener la rupture entre Rome et les Tuileries. Aujourd'hui, l'Empereur affirmait sa suprématie. Les demandes du Pape repoussées presque toutes avec une énergie têtue, ferme, obstinée, laissaient Napoléon maître du terrain. Le Pape pouvait regagner Rome avec les six chandeliers de vermeil et la croix pour l'autel de Saint-Pierre, la tiare d'or vert, l'autel d'or de 600 000 francs, les tapisseries des Gobelins et de la Savonnerie, la statue de l'Empereur en porcelaine de Sèvres, les vases sacrés de Biennais et le gigantesque vase offert par l'Impératrice; il pouvait ramener au Vatican ces pièces de musée, joyaux qui allaient attester devant la postérité le prix payé par Bonaparte à Pie VII, pour son sacre triomphal d'Empereur d'Occident.

III

L'Autre Couronne

Le 26 ventôse (17 mars) les députés de la République cisalpine, conduits par Melzi, s'étaient prosternés au pied du trône impérial. Des mains rudes avaient offert à Napoléon la couronne lombarde. Réunis à Paris pour la revision de la Constitution cisalpine, les députés terminaient de cette manière leurs travaux.

Le lendemain, Napoléon annonce au Sénat qu'il accepte cette nouvelle couronne et, le même jour (27 ventôse), il donne à Elisa la principauté de Piombino; il fait Bacciochi prince de l'Empire français. Dans la grande et fine étoffe latine, il va tailler des manteaux de rois.

Il songe à donner cette couronne au fils de Louis, à nommer le père régent jusqu'à la majorité de Napoléon-Louis; mais Louis refuse avec éclat et écrit cette lettre retentissante, que l'Empereur ne lui pardonnera jamais.

Autour des trônes vides commencent déjà les bagarres et les luttes où ils crouleront. Puisque Louis refuse cette couronne offerte à son fils, c'est à Eugène de Beauharnais qu'elle ira. Et pour le préparer à sa nouvelle charge, dès le 12 pluviôse (1er février), Napoléon le nomma archi-chancelier de l'Etat de l'Empire. Cette situation réglée, il accomplira en Italie un rapide voyage d'inspection au cours duquel il mettra sur sa tête la couronne de fer de Lombardie. Soucieux des susceptibilités du cabinet de Vienne il renonce à son premier titre et prend celui de roi d'Italie. Ainsi il élève l'édifice de sa puissance, précautionneux dès les premières pierres d'éviter la fissure fatale. Ce n'est pas par la base que l'Empire croulera. Pour assurer cette base, il n'est rien que l'Empereur ne fasse et tout sacrifice à cet effet lui est léger. Il n'oublie que le tonnerre, la foudre, qui épargnera la base et frappera le sommet.

Dès le 20 février, Champagny est chargé du soin d'assurer le voyage. Quatre jours plus tard, l'Empereur donne à Caulaincourt des instructions de stricte économie. Le premier chambellan, Brigode, et Durosel sont désignés pour accompagner le Pape jusqu'à Rome et, sous l'inspiration de l'Empereur, Caulaincourt pour le Pape, et Fesch pour Napoléon, établissent un itinéraire qui permettra d'utiliser pour les trois convois du Pape les chevaux du cortège de l'Empereur.

Sa Majesté impériale sera le 12 germinal à Troyes, elle y séjournera le 13 et le 14; le 15, elle sera à Semur, le 16 à Châlon, le 17 à Mâcon, où elle se reposera le 18 et le 19. A Bourg, où elle arrivera le 20; elle partira le 21 pour Lyon, où un arrêt de trois jours est prévu. Deux autres jours, le 27 et le 28, elle restera à Chambéry, où le 26 elle arrivera; le 29, le cortège sera à Lanslebourg et le 30 à Stupinis, où elle attendra l'arrivée du Pape à Turin.

Ce même itinéraire sera suivi par Pie VII, qui sera le 16 germinal à Troyes. Les fêtes de Pâques seront célébrées par Sa Sainteté à Châlon où les convois séjourneront les 20, 21, 22, 23 et 24 germinal. Le 1er floréal, le cortège pontifical sera à Saint-Jean, le 2 à Lanslebourg, le 3 à Turin.

L'Empereur part avec l'Impératrice le 2 avril.

Le jeudi 4 avril, à midi, le Pape quitte les Tuileries assiégées par la foule. D'une fenêtre, il la bénit une dernière fois, et son geste pacifique trace un suprême signe de croix sur la ville, où plus jamais le bourdon de Notre-Dame ne saluera l'entrée d'un Pape. A cette fenêtre des Tuileries, vide désormais, le fantôme pâle du Pape reste debout par l'éternité du souvenir, et c'est peut-être, à cette même fenêtre qu'au lendemain du désastre impérial dans les champs brabançons, les sentinelles ont reconnu le petit chapeau du Maître découpé en soleil noir sur les ténèbres du palais silencieux.

La même pompe guerrière accompagne le retour du cortège pontifical. Au long des routes, les populations de France, humbles, émues, reconnaissantes, baisent la poussière marquée du sabot des cavales qui entraînent, vers l'acclamation romaine celui qui est venu figurer au premier acte de l'Empire.

A trois journées de marche, le cortège de l'Empereur précède celui du Pape, et les canons sont chauds encore des salves acclamant le premier, que leurs bronzes retentissent pour saluer le second. A cette splendeur guerrière s'éveille l'âme paisible des rustres. La France en armes défile devant leurs yeux. L'âme héroïque de la race se lève en eux au vol des aigles. Désormais ceux-là suivront le Tondu où il lui plaira de les mener mourir à la gloire de l'Empire.

Au seuil de l'église métropolitaine, le cardinal-archevêque de Milan, Caprara, accueille celui qui vient se faire sacrer. On fixe la cérémonie au 23 mai suivant et, en attendant, l'Empereur commence l'organisation de son nouveau royaume. Les décrets succèdent aux décrets. Caprara, Oppizzonni, archevêque de Bologne, Allegri, chanoine de Novarre, Rona, curé de Sainte-Babile de Milan, entrent pour les affaires ecclésiastiques au Conseil d'Etat fondé par un décret du 10 mai. Ce même jour, Melzi est créé chancelier et garde des sceaux de la couronne, et Cadronchi, archevêque de Ravenne, devient grand-aumônier. L'Empereur anime les conseils de son activité fiévreuse, haletante. Le 22 mai, il promulgue[1] pour le 1er juin 1805, l'exécution du Concordat italien. Le jour du sacre arrive. Des trombes d'eau s'abattent sur Milan, noient la ville[2]. On remet le sacre au dimanche suivant (6 prairial). Entouré des cardinaux Bellisoni, Spina, Caselli, et Oppizzoni, des évêques, vicaires généraux et capitulaires du royaume, Caprara couronne Napoléon roi d'Italie avec le diadème de fer des Lombards. A l'Eglise Saint-Ambroise on va entendre le *Te Deum* et le tout a duré deux heures.

La formalité est remplie. Il se hâte de regagner Paris. où les soins de sa gloire et de l'Empire l'appellent.

1. *Bolletino delle leggi del regno d'Italia* an V, p. 1, n° 35 p. 87.

2. «... C'est dimanche qu'aura lieu la cérémonie de mon couronnement, que j'ai retardée, parce que tout n'était pas prêt. J'ai bien rencontré avec le temps; car il a fait très mauvais jeudi, qui était le jour d'abord fixé...» Milan, 4 prairial an XIII. *Correspondance de Napoléon Ier*, t. X, p. 541, n° 8781.

IV

Élégances de 1805

A la grande lueur de la cour des Tuileries
répond l'éclat de la vie élégante de Paris. Cette
société nouvelle qui, comme Talleyrand, a ache-
té des rentes le 17 brumaire pour les vendre le
19, rivalise de luxe avec celle qui, revenue d'exil,
commence à ouvrir ses salons au faubourg Saint-
Germain.

Cette société élégante, frivole, polie, de haut
ton, ne se sent pas dépaysée dans ce nouveau
Paris qu'elle quitta à la chute des Lys, où elle
revient à l'avènement des Aigles. Elle donne le
ton à la mode, et c'est sur elle que se modèle
la société nouvelle des Tuileries. Frondeur et
quelque peu rebelle à ces intrus sans trente-
six quartiers, le faubourg Saint-Germain ouvre
ses portes. La fusion s'opère. Ceux qui fréquen-
tent chez Lucien Bonaparte, chez les princesses

sœurs de l'Empereur, chez Mme Maret, chez Cambacérès, chez Talleyrand, chez Champagny, dans les salons officieux, se retrouvent chez les princesses de Beauvau, d'Hénin, de Vaudemont; chez Mme de Pastoret, de Montesson, de la Briche, de Chevreuse, de Condorcet, de Coigny, et là Talleyrand ne se plaint pas de voir le plaisir mené tambour battant comme aux Tuileries où tout est régi et accompli militairement. Ces salons-là, l'Empereur les tolère, mais il s'en inquiète. L'opposition est là comme dans une forteresse, inexpugnable, provocante, railleuse. Il les fait surveiller par l'ex-oratorien Fouché et Fouché fait du zèle: il surveille avec le même soin le salon des membres du gouvernement, des jacobins ralliés à l'ancien régime.

— Diable! dit-il admiratif à Decrès, tu mènes grand train! C'est une véritable maison de seigneur d'ancien régime que la tienne. Elle doit te coûter cher?

— Pas trop, depuis que tu es chargé de la payer, répond Decrès qui sait à quoi s'en tenir.

De là partent les mots cinglants, flèches barbelées qui touchent les dignitaires nouveaux, les maréchales confites dans leurs nouvelles fonctions. Alexandre Duval, Desfauchets, Lacretelle, Lemercier, Luce de Lancival y lisent leurs pièces et recueillent des suffrages que le public ne ratifie pas toujours au jour de la représentation.

Ce ne sont que fêtes, bals, soupers, spectacles. « Paris était alors un lieu de féerie... » soupire le mélancolique regret de Laure Permon, duchesse d'Abrantès. Et de fait, la première ivresse de ce faste nouveau grisait les plus rebelles.

Voici qu'on voit revenir les modes de la Terreur [1], légèrement modifiées et remises au goût du jour après avoir fait horreur aux âmes sensibles. Les toques en velours à bords plissés et à gros plis creux, empanachées de plumes blanches ou enguirlandées de roses, font fureur. Les coiffures sont innombrables, compliquées ou d'une simplicité qui peut passer pour de la négligence élégante. Depuis la Révolution et le Consulat, elles ont peu varié ces coiffures à l'*Agrippine*, à la *Titus*, à la *Benjamin*, à l'*Echevelée*, en honneur autrefois au Palais-Egalité, à la *Vénus Anadyomène*; on dégage le front pour n'y laisser tomber qu'une boucle capricieuse. Sur le haut de la tête on plante un peigne de style nouveau: une corbeille légère garnie de groseilles blanches en perles fines, mêlées à de légers feuillages d'or. Aux dîners qui se donnent à six heures, à l'imitation du dîner impérial, on orne la chevelure d'aigrettes fines plantées dans des tiges d'émeraudes, d'améthystes. Déjà les camées perdent leur faveur. Joséphine, qui aime les fourrures, fait que toutes les femmes élégantes revêtent la lévite de velours cannelé

_____
1. *Mémoires de Mme du Montet.*

gros jaune à fourrure d'astrakan ou la robe de
satin lavande ornée de mousseline d'or à dou-
blure d'hermine. C'est la fourrure favorite: en
bandes, en doublures, en bordures elle couvre
de sa blancheur pointillée de larmes noires et
soyeuses, les redingotes longues à taille droite.

Et dans les promenades, aux Champs-Elysées,
à Tortoni où on déguste les glaces et chez Nau-
det où on soupe, les fourrures guerrières des
soldats, peaux de panthère, de tigre et de léo-
pard, font les plus imprévus des contrastes
avec ces lévites de levantine gros jaune aux
fourrures immaculées.

On fait des robes de bal en mousseline des In-
des frissonnantes d'une coulée d'argent Chloris,
en satin blanc avec épis de blé d'or, en velours hé-
liotrope. Les modes grecques triomphent encore
avec la nudité des bras, des épaules. Les décolle-
tages sont larges, découvrent à moitié les seins
que soutiennent les ceintures hautes à boucles de
pierreries ou à agrafes en emblèmes héroïques.
Le rose domine, on s'est engoué de la teinte mourante et fanée de l'hortensia.

Ces élégances, les hommes les vont voir passer
aux Tuileries, où il est de bon ton de gagner les
terrasses sur le coup de trois heures. De là
on va au Jardin Turc, à la pelouse de Paphos,
au boulevard du Temple ou au petit Coblentz
du boulevard Italien. Les hommes inaugurent
le carrick anglais olive, saumon ou vert bou-
teille. La suprême élégance veut que les spen-

cers soient bleus et les bottes à revers jaunes.
On a des badines de bois étranger et odorant.
En passant dans son cabriolet à caisse racine
de buis, aux Champs-Elysées, l'élégant la fait
siffler d'un air impertinent. A certaines heures,
les allées sont encombrées, envahies par les
grandes calèches à quatre chevaux, les berlines
à fond cerise, les bogeys jaunes. Les amazones
trottent en habit lilas garni d'hermine, en petit
casque de velours sommé d'un bouquet de plumes ondoyantes. Le pommeau de leurs joncs
est orfévré par le fameux Sensier.

Cette année-là, il y a deux petits événements
dont on parle pendant huit jours. Thérezia Cabarrus convole pour la troisième fois. Cette fois
c'est M. de Caraman qui est l'heureux gagnant
à la loterie. L'ancienne Notre-Dame-de-Thermidor va cacher son bonheur dans un petit hôtel
discret de la rue de Babylone. Elle a trente-
deux ans et Paris fait des gorges chaudes de
l'événement.

Quelques amateurs se sont donné rendez-vous
rue Saint-Claude, devant l'ancien hôtel du comte
de Cagliostro. Sous cette grande porte, fraîche
et obscure, il était sorti le 22 août 1786, arrêté
pour complicité dans l'affaire du Collier; par
là, il était rentré, libre enfin, dix mois plus
tard, par là encore, le 13 juin 1787, il était parti
vers l'exil, chassé de France par l'ordre de
Louis XVI. Aujourd'hui, on vend à l'encan
les cornues, les fioles, les livres de magie, les

elixirs mystérieux, les globes d'expérience en cristal taillé, ce bric-à-brac de magicien démodé chez qui tout Paris avait défilé, avide des mystères troublants de l'inconnu et des trois sortes de magie connues.

Il y a des bagarres devant l'échoppe de Martinet qui expose la caricature de Gillray: le *Plum-pudding en danger*, où on voit Bonaparte et Pitt se disputant les lambeaux de l'univers qu'ils ont conquis. On brise la vitre, on arrache l'image irrévérencieuse. La garde vient rétablir l'ordre parmi les militaires furieux et les petites bourgeoises effarées qui portent le tablier sur une robe ronde.

Le soir, ce sont les mêmes bagarres aux portes du Théâtre-Français. Les spectateurs avides de voir Talma, se bousculent pour leurs places de parterre. On joue les *Templiers* de Raynouard avec un succès énorme, inconnu depuis longtemps rue de la Loi. Etienne et Dalayrac donnent *Gulistan* à l'Opéra-Comique et de Mozart on va applaudir le *Don Juan* à l'Académie impériale de musique. Sur les planches du Vaudeville, ressuscite Sophie Arnould, dans une pièce en trois actes, qui porte son nom. Le soir de la première représentation, les loges sont garnies de jolies femmes en robes de soie de couleur nouvelle : il y a le *vert impérial*, la *terre d'Egypte*, le *bouton d'or*, le *ponceau*, le *gris de lin*, *l'aurore*, le *bleu mourant*. Aux entr'actes, un jeune merveilleux conquiert l'admiration étonnée, en se promenant avec des feuilles de tabac roulées avec soin et allumées au coin des lèvres.

L'été venu, ce monde élégant déserte les salons, les tables de whist, de trente-et-un, et part pour la campagne où des châteaux dorment au soleil de messidor.

L'Empereur est à la Malmaison, à Saint-Cloud; Louis se promène sous les ombrages frais de Saint-Leu; Cambacérès invite aux soupers des Mousseaux, à l'ancienne *Folie* du duc de Chartres. Madame Mère quitte Paris pour se rendre dans l'Aube, où son fils lui a fait présent du château de Pont-sur-Seine, entre Provins et Troyes. Un crédit de 60 000 francs lui est ouvert pour l'ameublement[1] et une nombreuse compagnie la suit dans cette « résidence sévère[2] ». Le vestibule est revêtu de parois de stuc, fraîches au toucher, claires à l'œil. Jacob, l'ébéniste à la mode, dépêche au château des meubles de citronnier à pattes de lion, à colonnettes sommées de sphinx de cuivre poli. Au salon ce sont des tabourets en forme d'X, des fauteuils carrés et bas, des chaises à dossiers en lyres. Le Temps fauche les heures, dressé sur la mappemonde des pendules. De la base d'onyx des candélabres s'élance le jet harmonieux et pur des Victoires aux larges ailes dont les mains portent les cires. Les *cabinets* en faveur sous la Régence, les

---

1. Lettre autographe, catalogue Charavay, 30 avril 1860.
2. *Mémoires de la duchesse d'Abrantès.*

bonheurs du jour, les chiffonniers sont en acajou fileté de cuivre. On dort tard dans de grands lits en nacelle où tombent, d'une lyre fixée au plafond, les étoffes à fleurettes multicolores, les velours crépinés d'or.

Tout salon à la mode possède un Boilly, un Girodet, un Carle Vernet, un Chaudet, un Lethière, un Isabey, un Redouté.

Quiconque fait construire des châteaux en demande les plans à M. Fontaine, architecte de l'Empereur. On lui doit des merveilles de goût et d'agencement. Les jardins sont ornés de pelouses et de bosquets à l'anglaise, de fausses perspectives masquant les communs, de viviers, de cascades, de chalets agrestes, de petits temples grecs où un Amour bande sur un arc tendu une flèche absente.

Les cortèges piaffent sur les routes poussiéreuses parmi les escortes chamarrées. C'est la cour qui va à Compiègne, à Fontainebleau. On se dispute l'honneur de partager les petits appartements des invités. Puis, plus tard, d'autres cortèges piaffent, passent et s'en vont. De mélancoliques jeunes femmes, en tuniques de gaze, les bras cerclés de bracelets à camées, errent dans les beaux parcs seigneuriaux ou, de la terrasse solitaire du petit temple antique, consultent l'horizon désert. Le soir, sous les lampes de cuivre, on parle des terres lointaines et ennemies où, à la tête des armées, galopent les maréchaux partis à la guerre.

Sur des harpes dolentes et plaintives, ces fiancées de Werthers guerriers soupirent de regret. L'élégie règne en maîtresse sur ces cœurs

GRAVURE ALLEMANDE PARUE A L'ÉPOQUE DU SACRE.

lourds de tendresse. Elvire. Malvina, Emerence, Clélie, sont des noms chers à ces héroïnes des romans de Mme Cottin ou de Mme de Souza. Mé-

lancolie à la mode du jour comme les bandelettes d'étoffe d'or encerclant les cheveux abon-
dants, à la mode grecque. On se console au
chant des romances; et, au grand cri héroïque et
épique de l'Empire soulevé, en vociférant ou-
ragan, répond la plainte passionnée de ces amou-
reuses, qui cultivent la tristesse comme la suprême de leurs élégances.

V

De Boulogne à Trafalgar

Ce ne fut pas sans surprise que Paris lut, le 5 février 1805, dans le *Moniteur*, la lettre adressée directement, sans l'intermédiaire des ambassades, par Napoléon au roi d'Angleterre :

Je ne vois aucun déshonneur à faire le premier pas. J'ai prouvé, je crois, au monde, que je ne crains aucune des chances de la guerre, mais la paix est aujourd'hui le vœu de mon cœur. Je supplie Votre Majesté de ne pas se refuser le bonheur de la donner au monde. Qu'elle ne laisse pas cette satisfaction à ses enfants. Je voudrais qu'elle fût davantage convaincue de cette vérité, qu'une nouvelle coalition ne peut qu'accroître la grandeur et la prépondérance continentale de la France.

Aux yeux de l'Europe, Napoléon se dégageait ainsi, en cette lettre noble, rude, pacificatrice, de l'accusation portée par les puissances de vouloir la guerre à tout prix. Il lui répugne encore de mêler aux *Te Deum* finissants de son sacre, les premières rumeurs de la guerre. Il

offre le rameau d'olivier au nom de cette France
qui s'est précipitée vers lui « comme vers une
existence nouvelle[1] ». Faisant appel directement
au roi il a cru triompher de la politique de
Pitt, son ennemi, qui professe une « espèce de
philosophie dont il s'applaudit avec raison :
« 1° son bien; 2° celui de son pays; 3° tout le mal
« possible aux autres, parce que, selon ses prin-
« cipes, c'est de ce mal que doit résulter son pro-
« pre bien et celui de son pays[2]. » Mais, cette fois
encore, la politique de Pitt triomphe astucieu-
sement de la diplomatie de l'Empereur, et à
cette lettre le ministre de Georges III répond
à Talleyrand : « Sa Majesté ne pouvant répon-
« dre plus particulièrement à la communication
« qui lui a été faite avant de l'avoir fait connaître
« aux puissances du continent... »

L'insulte frappe Napoléon en plein visage. La
paix qu'il dictera à Londres à Georges III ven-
gera l'outrage fait en sa personne à la France.

Le mécontentement est général à Paris, où on
trouve la « réponse peu satisfaisante[3]. »

1. *Mémoires de Barras*, t. IV, p. 105.

2. *Conférences secrètes entre les ex-ministres M. Pitt, lord
Grenville, Dundas, etc., avec M. Addington, lords Hawkesbury,
Pelham, etc., ministres actuels de S. M. B. et plusieurs autres
membres du Conseil et des deux Chambres au sujet de la rup-
ture du traité d'Amiens et de la guerre actuelle* (Paris,
Bruxelles, Bordeaux, an XII).

3. « Tout Paris s'entretient actuellement de la très belle lettre
écrite par Sa Majesté Impériale au roi d'Angleterre et de la réponse peu satisfaisante de ce souverain au sujet du projet de paix
cher au cœur de Sa Majesté et à toute la nation. » Le cardinal
Antonelli au cardinal Consalvi, Paris, 8 février 1805.

A Boulogne, les travaux sont poussés avec frénésie. Du bois de la Cambre, des forêts du Rhin,
de la Meurthe, de la Moselle, arrivent des car-
gaisons de bois[1] destinées à la flotte. La correspondance de Napoléon multiplie les ordres les
plus précis à ce sujet. Le souvenir d'Aboukir
le hante; grâce à ce qu'il ordonne avec une
précision méticuleuse qui serait maladive si elle
ne dénonçait pas le génie le plus développé, un
nouveau désastre sera évité. Il lui faudra, moins
de neuf mois après, apprendre la nouvelle de
Trafalgar, pour juger de la trahison des eaux,
alliées naturelles de l'Angleterre. Il s'est écrié:
« Que nous soyons les maîtres de la mer pendant vingt-quatre heures et l'Angleterre est perdue! » Ces vingt-quatre heures, le destin les lui
a refusées éternellement.

Les quatre-vingts nouveaux ports creusés, dé-
fendus par cinquante digues, armés de canons
de 24, se remplissent de constructions. Les côtes
de la Manche sont assiégées de voiles. L'effroi
est dans Londres. Qu'opposera-t-on en effet à
ces 2 000 vaisseaux porteurs de 150 000 soldats,
héros d'Egypte et d'Italie? Que feront contre
leur ruée furieuse les 206 000 hommes de Geor-

---

1. « Il continue de nous arriver une énorme quantité de bois de
construction pour le service de la marine militaire : l'esplanade
en est couverte. Ces bois viennent en grande partie des départements de la Meurthe, de la Moselle et des bords du Rhin ; on
les transporte par ce fleuve en Hollande, d'où ils descendent ensuite par les canaux intérieurs ; il nous en arrive beaucoup aussi
de la forêt de Soigne. » *Journal de l'Empire,* 6 avril 1805.

ges III[1] ? Sous les murs de Londres, les Français doivent vaincre ou mourir.

L'immense colonne des armées est tournée vers Boulogne. Brusquement, elle fait volte-face marche vers le Rhin et ne s'arrêtera qu'à Austerlitz. La diversion est créée sur le continent : la coalition se prononce. C'est par « la longue et sinueuse route du continent[2] » que Napoléon ira combattre l'Angleterre alliée à la Russie et à l'Autriche. L'avant-garde a déjà franchi le Rhin alors qu'à Boulogne les officiers applaudissent encore au théâtre : *le Vaudeville au camp de Boulogne*, prologue impromptu qu'ont fait représenter le **17** août, les sieurs Barré, Radet et Desfontaines. Mais bientôt les derniers régiments désertent la ville, et morne, vide, abandonnée elle s'endort sous la garde d'une flotte désormais inutile, au bruit monotone des marées rebelles.

La déclaration de l'Autriche et de la Russie n'a pas laissé d'irriter profondément l'Empereur. Sans doute comprend-il les exigences des coalisés demandant le retour de la France à ses anciennes limites naturelles, le Rhin, les Alpes, la Méditerranée, les Pyrénées et l'Océan.

---

1. L'armée des Iles Britanniques se composait de 94 régiments d'infanterie, soit 94 000 hommes ; de 10 régiments étrangers (légion hanovrienne), 8 000 hommes ; de 27 régiments de cavalerie de 189 000 hommes ; de **3** régiments de dragons légers ; d'un régiment de gardes et de 70 000 recrutés.

2. Thiers, *Histoire du Consulat et de l'Empire*.

Il sait qu'ils craignent l'esprit révolutionnaire ; aussi ne s'irrite-t-il pas outre mesure de leur prétention d'arracher l'Espagne, le Portugal, le Piémont, la Suisse, la Hollande à l'influence française et d'en exiler les soldats adeptes du jacobinisme. Mais, ce qu'il ne saurait admettre, c'est de voir le Milanais, Parme et Plaisance, constituer un État au profit des Bourbons, et cela au lendemain de l'exécution militaire de Vincennes.

Outre qu'il prévoit le danger de ce voisinage pour l'Empire, il ne saurait tolérer de voir remonter au trône une dynastie chassée de France, dynastie abolie désormais, remplacée par les Napoléonides. Et il veut éviter un retour offensif que la fortune lui épargnera pendant dix ans.

Du tableau des monarchies, il a rayé les Bourbons, et sur ce point il ne souffrira pas la résistance, il ira jusqu'à l'intolérance pour l'affirmer.

Nous le verrons écrire à Fouché : « Il est assez ridicule que le *Journal de l'Empire* nous parle sans cesse de Henri IV et des Bourbons. Défendez que, ni dans les annonces de livres, ni dans aucun autre article de journal, on cherche à occuper le public de choses auxquelles il ne pense plus [1]. »

Il ne veut plus qu'on pense aux Bourbons puisque morte, une nouvelle dynastie leur a

---

1. *Correspondance de Napoléon I*er,t. XIII, p. 116, 30 août 1806.

succédé. « Je ne veux pas qu'on laisse un journal parler des Bourbons[1] », écrira-t-il plus tard encore. Et l'arbitraire lui devient un moyen. En 1807, le rédacteur du *Publiciste*, fait allusion à Louis XVIII, sans prononcer son nom. « La première fois qu'il parlera de cet individu, je lui ôterai la direction du journal[2]. » Le rédacteur récidive en 1808 et, le 24 mars, Napoléon le destitue. Louis XVIII n'est plus qu'un *individu* parce que *Bourbon*. Le nom devient un cauchemar pour l'Empereur, et ce cauchemar l'entraînera aux plus criards des anachronismes. En 1808, Murat s'empare à Madrid de l'épée de François Ier. Il reçoit une lettre de l'Empereur le blâmant d'avoir attaché quelque importance à cette prise. « François Ier était roi de France, mais il était *Bourbon*[3] ! » Les morts deviennent suspects. Des graveurs ont mis en vente des portraits de Louis XVI, de Marie-Antoinette, de Madame Elisabeth: Fouché en est réprimandé, car, dit l'Empereur, « tout le monde s'étonne que la police ne l'empêche pas[4]… Tout cela constitue un aveu de susceptibilité maladive et maniaque qui est à la tyrannie ce que la crainte est à l'épouvante. C'est surtout une manière de mépris pour les vaincus, le dédain de celui qui

---

1. *Correspondance de Napoléon Ier*, t. XV, n° 19, 4 avril 1807
2. *Ibid.*, t. XVI, n° 94, 16 octobre 1807.
3. *Ibid.*, t. XVI, n° 478, 6 avril 1808.
4. *Ibid.*, t. XX, n° 263, 11 mars 1810.

déclare « qu'il serait plaisant que la conduite du vainqueur dût être justifiée aux vaincus ».

C'est là un des côtés outranciers de la politique napoléonienne. Du moins nous apparaît-elle ainsi aujourd'hui où l'administration s'est masquée d'une certaine pudeur. Chez l'Empereur, elle n'affecte pas cette hypocrisie qui nous semble en l'état présent des choses indispensable. Cela est partial, arbitraire, injuste, excessif, soit. Mais du moins ne s'en cache-t-il pas. Il a fait fusiller d'Enghien au su de toute l'Europe et l'exécution accomplie il en a revendiqué hautement, nettement, la responsabilité. Il n'en apparaît pas diminué devant l'histoire. Faute et non crime, dit M. Frédéric Masson. Cette faute, quel préjudice a-t-elle porté? Quels sont les gens que ce préjudice a frappés? On les cherche et on ne les trouve point. Déjà, d'ailleurs, nous avons dit notre sentiment à ce sujet.

Ce caractère aux manifestations autoritaires peut déplaire, on n'en saurait disconvenir. Mais sa franchise brutale, apparente plaide en sa faveur. Et le podagre de Mittau sur le trône n'a pu faire oublier le caporal assis dans une pourpre qu'il se gagna.

Il crut façonner la société française à son image. Ce fut là le plus vain de ses rêves. Une société se forme de l'apport des couches successives. Si en 1805 la vieille société française ne put s'imprégner complètement des principes napoléoniens, c'est qu'elle reposait encore avec solidité sur les couches agglomérées par tant de siècles de monarchie. L'élément révolutionnaire était un terrain trop meuble encore pour consolider l'édifice impérial. Ce fut là une des causes de son effondrement. Mais cet élément neuf fut l'acide attaquant la vieille société du dix-huitième siècle, le ferment de destruction qui commença sa ruine et qui fit que Louis XVIII revenant en France s'en vint régner sur les débris de la monarchie. Et, dans ce bouleversement, le roi très chrétien, sacré en Pologne clandestinement, était devenu le prince athée et voltairien, collaborateur du *Nain Jaune*. Sur ce cercueil, jeté aux caves de Saint-Denis, la Révolution vaincue triompha d'une victoire inattendue et suprême.

*
* *

Le 13 brumaire (4 novembre), Joseph apprit à Paris la nouvelle du désastre de Trafalgar.

La stupeur fut profonde et le *Moniteur* reçut l'ordre de garder le silence, ce même *Moniteur* qui le 13 fructidor, sur l'ordre de Bonaparte, avait déclaré « qu'il ne manquait à la marine française qu'un homme de caractère et d'un courage froid et audacieux ». Cet homme, on s'était refusé à le considérer en l'amiral Villeneuve, l'ancien commandant des forces stationnaires aux îles du Vent, et pour le remplacer on envoya à Cadix, Rosily. Rosily partit en hâte et arriva au lendemain de la défaite.

Les trente-trois vaisseaux français et espagnols commandés par Villeneuve avaient quitté la Corogne pour rejoindre Cadix. Le 30 vendémiaire l'escadre toucha celle commandée par Horace Nelson, sous le cap Trafalgar. Vers le soir, le désastre était consommé. Pitt triomphait de Bonaparte et condamnait par sa victoire l'entreprise de Boulogne.

Sur le vaisseau-amiral, le *Bucentaure*, Villeneuve amena son pavillon. L'épée rendue, le bordage fut troué, et dans ces eaux écumeuses le *Bucentaure* coula avec vingt-deux vaisseaux au moment où Nelson expirait sur le pont de son bâtiment, triomphateur mourant de son triomphe. Villeneuve, ramené prisonnier en Angleterre, débarqua, libre, en France dans les premiers jours d'avril 1806, et se coupa la gorge[1]. La marine impériale avait vécu[2]. Napoléon tenait le continent, mais l'Angleterre gardait les mers, et la loge maçonnique d'York brodait sur son étendard cette exhortation :

---

1. Villeneuve se suicida le 20 octobre. Une autre version — contemporaine — de son suicide circula : « *Il s'y brûla la cervelle, de chagrin d'avoir été mal apprécié par Bonaparte et dans la crainte, dit-on, d'un jugement inique commandé par cet ex-empereur.* » *Biographie moderne* (1816).

2. Miot de Mélito, *vol. cit.*

L'Angleterre compte que chaque homme fera son devoir

en souvenir de

Horace vicomte *Nelson*

qui succomba au moment de la

victoire

du

Cap Trafalgar

le 21 octobre 1805

(Triangle, Acacia, Truelle.)

Nous nous réjouissons avec notre pays

mais pleurons notre frère.

Dans l'éclat d'une apothéose inconnue, le premier vainqueur anglais de Napoléon montait à l'hisoire. Quarante-sept ans plus tard, une pareille pompe devait entourer les cendres de l'*Iron Duke*, ayant achevé en 1815 la besogne commencée par Nelson en 1805.

Rome n'accueillit pas avec plus d'enthousiasme les généraux vainqueurs des Barbares. L'Angleterre fut solidaire de ce deuil maritime et mena ce cadavre vers une illustre fosse dans les plis d'un drapeau blanc. Depuis, elle diminua l'éclat de son triomphe. Le 9 juillet 1907, elle vendit ce drapeau du cercueil de Nelson pour 525 francs, et le pavillon qui, au haut du mât du *Victory*, avait vu cette victoire et ce désastre trouva acquéreur au prix de 3 150 francs.

De cette gloire, on battit monnaie. L'histoire a de ces ironies-là, et un musée de France nous montrera peut-être quelque jour ces loques anglaises, débris de ce grand naufrage des temps.

La Veille d'Austerlitz

En brumaire, Bonaparte a étranglé la République. Cela est devenu un lieu commun, le thème convenu de toutes les politiques réactionnaires. Il est en effet hors de doute que la République acheva son destin ce jour-là et qu'elle s'éteignit tandis que fuyaient ses représentants. Mais quelle République Bonaparte a-t-il étranglée le 18 brumaire? Est-ce celle-là de 93, qui tint tête à la coalition étrangère, à la banqueroute, à la famine, à la Vendée, à la terreur royaliste des stupides et féroces chouans? Cette République-là, une autre s'était chargée de lui dresser son acte de décès au 9 thermidor : la République des cyniques et des crapules, des triomphants de la journée où avec la mort de Maximilien de Robespierre s'éteignit la dernière grande voix de l'éloquence française et jacobine. Sous le grand nom d'une grande chose abolie et morte, opéraient les agioteurs menacés; la veille de la chute de l'incorruptible, les fripons de tout acabit et les canailles enfin délivrées de la terreur de la vertu à l'ordre du jour. La France mise à l'encan, dispersait ses lambeaux dans tous les trafics louches du Directoire, et l'énorme clameur populaire s'éleva :

— « Bonaparte délivre-nous de ces *avocats!* »

C'est la République de ces gens-là qu'il étrangla.

Admirable modèle des coups de force politiques! Révolution pacifique qui ouvrit la route à la République consulaire et permit le relèvement du pays saigné aux quatre veines par les crapules de thermidor. Coup d'Etat dont la France entière fut complice et où trempa l'armée avec ses chefs. Ce jour-là, rien ne s'opposait au rétablissement d'une monarchie. Barras lui-même ne le complotait-il point? Après brumaire, le démagogique Augereau, le terroriste Murat, Lannes, et l'aristocrate Nansouty n'ont-ils pas attendu le retour d'un nouveau Louis? Aucun d'eux ne s'en est défendu, seul Bonaparte n'y a pas songé. Pourquoi? A-t-il confusément entrevu dans l'avenir le laurier césarien du matin du sacre? Peut-être, mais jugé en ce moment troublé de brumaire, il apparaît, devant ce fantôme chassé d'une République honteuse, le seul républicain. Grâce à lui, elle ne mourra pas tout entière. Elle survivra à elle-même jusqu'au matin où les faisceaux céderont le pas aux aigles, et alors, logiquement, on reconnaîtra qu'elle ne pouvait aboutir qu'à cela. Si donc, au soir de ce 18 brumaire, il y eut dans Paris quelque surprise, ce fut assurément celle de savoir la République sauvée de la débâcle parlementaire.

C'est l'armée complice de ce coup de force qu'il promet à la gloire d'Austerlitz.

Le mécontentement des boutiquiers accueille l'annonce de la guerre. Déjà on s'est habitué à la paix. L'entrée en campagne bouleverse trop d'intérêts, trop de quiétudes somnolentes, et cette émotion atteint son point culminant au lendemain du départ de l'Empereur pour les armées, le 3 vendémiaire. La crise éclate alors brusquement, dans l'imprévu d'un brusque affolement, et frappe au cœur la Banque de France dont les billets subissent la dépréciation la plus extraordinaire. On se presse en foule à ses caisses et en un seul jour elle ne peut rembourser que 300 000 francs d'or contre un billet de mille francs par individu. L'Empereur absent, le malaise persiste. Le lendemain de son retour, tout rentre dans l'ordre avec la rapidité dont on en était sorti.

Ce que la présence de l'Empereur est aux affaires publiques et commerciales de Paris, elle l'est aux armées. Que sont-elles ces armées sans lui? Vaste corps mort et inerte que galvanisent, par instants, les paroles de ses décrets et de ses proclamations. Imaginez la guerre d'Espagne menée par Napoléon en personne et vous bousculez l'ordre même des événements. Sa présence a commandé presque toujours à la victoire et au succès, et cela a été vrai jusqu'aux jours de son déclin. Cette Grande Armée si admirablement soumise, docile instrument en ses mains, elle n'est que le reflet de Napoléon. Enlevez-lui l'Empereur, ce n'est plus qu'une grande bande, incapable de se mouvoir et de profiter de ses succès[1]. Mais, entre ses mains, elle devient le levier admirable qui soulèvera les vieilles monarchies et les contraindra à la soumission. Avec lui, elle est capable de tous les héroïsmes; elle enfante tous les miracles de l'enthousiasme; elle atteint aux prodiges romains. A l'éloquence électrique et brève des proclamations elle s'enflamme, et, la veille du 11 frimaire an XIV, c'est l'âme même de l'armée qui brûle, flambe et monte en gerbes claires dans les feux de paille hissés au haut des baïonnettes fourbies.

Un soin minutieux préside aux préparatifs de la campagne. Dans le Tyrol, la Souabe méridionale et le Vorarlberg, Napoléon a envoyé des officiers dès la fin de juillet. Par eux, d'avance, il connaîtra le terrain où va se jouer la première

---

1. « Tous les fruits de la bataille de Dresde, en 1813, furent perdus, parce que le lendemain de la victoire Napoléon fut pris subitement de coliques.

« Si l'Empereur eut fait une maladie grave à la fin de septembre 1806, peut-être les Prussiens fussent-ils venus dicter la paix à Paris. » Général Bonal, *la Manœuvre d'Iéna*.

partie de ses combinaisons militaires. Dès le 25 août, Murat lui-même voyage en chaise de poste sous le nom de colonel Beaumont, et renseigne l'Empereur avec précision sur les détails de son voyage incognito. Sur le Rhin, on établit des magasins de vivres considérables et les dispositions les plus sévères sont prises pour éviter les trafics des fournisseurs qui, à l'école des campagnes de la République, ont appris l'art d'affamer les troupes et de spéculer sur les fournitures.

Le Sénat vote la levée des 60 000 conscrits de l'an XIV disponibles à la date du 22 septembre de cette année. Avec les contingents sous les aigles, les volontaires de la République demeurés au service, cela formera un total de 152 000 hommes destinés à réduire les 350 000 soldats dont la coalition dispose tant en Poméranie qu'en Lombardie et dans le bassin du Danube.

Sur le Rhin, Kellermann commande le 3ᵉ corps de réserve à la date du 19 septembre; Brune est à la tête de l'armée des côtes, et, le 30 août, Masséna est nommé général en chef de l'armée qui tient l'Italie.

La Grande Armée est divisée en sept corps commandés par Bernadotte, Marmont, Davout, Soult, Lannes, Ney et Augereau. Murat, nommé lieutenant général de la Grande Armée le 28 août, commande la réserve de la cavalerie réorganisée et augmentée.

Admirable conception, qui plaçait à la tête de

chacun des corps d'armée la bravoure, l'intrépidité, le sang-froid, en la personne des maréchaux d'Empire que Napoléon avait vus à l'œuvre dans les campagnes de la Révolution, du Directoire et du Consulat. Avec eux, les expériences de jadis vont devenir les assurances de demain. Sur l'Autriche, s'étend la colossale et rude griffe de cette Grande Armée. Echiquier prévu, combiné, où chaque coup marquera une victoire. Crépuscule de bataille où on marche à coup sûr, avec confiance, en attendant de voir à l'horizon paraître, fidèle au rendez-vous guerrier, le soleil qui salue l'anniversaire du sacre.

VII

La Victoire du soleil

Napoléon attend avec une sorte de superstition le lever de ce soleil qui aujourd'hui va racheter son absence du sacre. Campagne en coup de tonnerre, qui, du passage du Rhin à Khel, le 1er octobre, l'a mené en deux mois dans les plaines de Moravie où il décidera du destin du Saint-Empire. Sur le vaste échiquier autrichien, toutes les pièces du jeu tragique ont été avancées par un pouce rude et prudent. Murat, depuis son entrée dans la Forêt-Noire, a mené la danse rude aux ennemis. Le 8 octobre, il a ramassé 4000 prisonniers, de l'artillerie et des drapeaux ; il a, huit jours plus tard, reçu l'épée du général Werneck. D'Albeck, il a trotté vers Wertingen, de Langenau à Neresheim ; partout ses aigles ont été victorieuses.

Le 17 octobre, parade devant Ulm ; le 29, victoire à Reid sur les aigles bicéphales; le 30, autre victoire. Enfin, Vienne ouvre ses portes et Murat caracole sur le Prater. Court repos dans les palais abandonnés: le 15 il bat les secours russes à Hollabrunn, le 16 à Günsdorf, avec Lannes et Soult. D'Olmütz, la route s'ouvre pour lui vers les neiges d'Austerlitz.

Parallèlement, les autres opérations des corps d'armée sont conduites. L'Inn franchi, Lannes s'est emparé, le 26 octobre, de Braunau où il a trouvé 40 000 boulets avec 45 pièces de canon. Le lendemain est arrivée la nouvelle du désastre du prince Charles battu par Masséna au passage de l'Adige.

Marche triomphale de la Grande Armée. La griserie du perpétuel triomphe envahit tous les cerveaux. A peine le Danube franchi, on est entré à Ausbourg, le 9 octobre; on a enlevé Münich le 12 en dégageant la Bavière; pris Ulm le 20 et planté l'aigle sur Vienne le 13 novembre. Du plan inital combiné à Paris, tous les détails ont été exécutés, presque mathématiquement. Ney est dans le Tyrol et Napoléon — ruse hardie — recule devant l'ennemi. Son quartier général rétrograde de Znaïm à Porlitz et de Porlitz à Brünn. L'Empereur s'offre le luxe de la comédie, la comédie de la reculade, de l'effroi. Il recule, soit, mais il recule vers Austerlitz.

Au spectacle, qu'il joue, son armée hilare participe. Il fortifie des camps avec une hâte ridicule; il établit des batteries avec une précipi-

UN DE LA GRANDE ARMÉE.
(Dessin de Charlet.)

tation naïve; on voit une armée qui semble affolée et qui, en réalité, s'amuse. Elle s'amuse du merveilleux tour qu'elle s'apprête à jouer à la coalition. On reçoit des parlementaires que l'Empereur écoute avec une déférente attention. Il se réjouit des prétentions de ses ennemis, puis enfin éclate: renvoie le parlementaire et écrit l'ordre du jour du 11 frimaire an XIV.

Une confiance aveugle l'entoure[1] qui bientôt accentuera son fétichisme. Lequel parmi tous ces conscrits de la dernière levée, parmi ces grognards d'Egypte, ces guerriers d'Italie, doute de la victoire prochaine, cette victoire qui les ramènera dans leurs foyers? Parmi les rigueurs de l'hiver germanique, ils songent à ces chaumières natales accroupies derrière des haies vives, aux villes somnolentes où des mères espèrent, où des fiancées attendent, aux faubourgs où leur jeunesse ignora la fureur révolutionnaire; ils songent à tout cela, à la bataille de demain, au retour, à la paix.

De l'apprendre, il se montrera peu satisfait et ce qu'en dit Ségur est précieux à retenir. C'est le soir du 10 frimaire. Au quartier général de l'Empereur, on soupe. A la veille de ce triom-

1. « Quel homme que l'Empereur, mon cher Faydel, les combinaisons les plus sublimes ne lui coûtent rien : il joue avec les événements de la plus haute importance. Il agit à coup sûr, comme il juge les hommes, les choses et les résultats. Aussi, inspire-t-il à tout le monde la confiance la plus entière, mais il faut être près de lui pour le bien juger. » *Bertrand, grand maréchal du Palais, à Faydel, le 3 brumaire, an XIV. (Pièce autographe, collection de feu M. Paul Dablin.)*

phe qui le haussera pour l'éternité dans l'histoire, il songe à ses projets de jadis: « Si je
m'étais emparé d'Acre, je gagnais une bataille
d'Issus, je me faisais empereur d'Orient et je
revenais à Paris par Constantinople. — Constantinople, dit Junot, nous sommes sur le chemin. — Non, répond l'Empereur, avec les Français les longues expéditions ne sont pas faciles;
leur pays est trop beau, les retient ou les rappelle. Aujourd'hui, écoutez l'armée, elle aspire
au retour. » A quoi Junot ayant objecté les
témoignages d'ardeur qu'on voyait éclater dans
tous les rangs, le général Mouton, de sa voix
austère, l'interrompit rudement par ces mots:
« que ces acclamations prouvaient le contraire;
que l'armée était fatiguée; qu'elle en avait assez;
que, si on voulait l'entraîner plus loin, elle obéi-
rait, mais à contre-cœur; qu'enfin elle ne mon-
trait tant d'ardeur la veille de la bataille que
dans l'espoir d'en finir le lendemain et de s'en
retourner chez elle. »

L'Empereur, à qui ces paroles si loyales
plaisaient peu sans doute, leur donna pourtant
raison; mais il rompit l'entretien, et, se levant
aussitôt: « En attendant, ajouta-t-il, allons nous
battre [1]. »

Certes, cette rude franchise lui déplaît. Il
n'aime pas à entendre dire que la Grande Armée
n'est pas *son* armée, celle qui lui est dévouée

1. Le général Philippe de Ségur, *Mémoires d'un aide de camp
de Napoléon I*ᵉʳ (Paris, 1894).

à la mort, qu'il façonna à la manière des instruments tout personnels, qu'il grise du « vin fumeux », de ses proclamations, « excellent pour échauffer l'enthousiasme [1]. » Mais les paroles de Mouton l'ont frappé. Levé de table, il ne regagne pas directement son cabinet de travail. La redingote endossée, il marche vers le camp, ce camp immense où quatre-vingt mille hommes dorment sur les bottes de paille, dans la lueur mourante des grands feux de bivouacs.

C'est une belle nuit froide, limpide, toute pleine d'étoiles. Contre un ciel uni et calme, elles brillent de leurs mille feux immobiles et clairs. Sur cette armée endormie plane le silence de la nuit, ce silence si pareil à celui de la mort. A travers les rangées de corps étendus, l'Empereur marche, pensif, silencieux, le pas étouffé dans la neige. De quels sommeils hantés dorment là ces grenadiers, ces dragons, ces chasseurs, ces phalanges, ouvrières de sa gloire? Le sang gonflé à ces veines bleuies des poignets, par quels trous noirs et gluants ne coulera-t-il pas demain? Lesquelles de toutes ces têtes lasses ne sauteront pas, fracassées des éclats de bombes, masquées soudain de pourpre visqueuse, broyées sous le sabot des chevaux lancés à l'assaut des batteries? Ces mains, crispées cette nuit dans la paille tiède, quels sabres les faucheront dans les charges? Et de tous ces hommes étendus sur la rude couche, quels sont ceux qui,

1. H. Taine, *le Régime moderne*, t. I. p. 39.

la nuit prochaine. ne râleront pas sur cette même
paille, le ventre défoncé, les côtes broyées, les
mâchoires hachées. le front fendu?

Tragique et émouvante promenade nocturne
sur ce champ de bataille qui attend ses cadavres
et sa victoire!

Ombre levée parmi toutes ces ombres endormies. Napoléon les regarde et peut-être en ce
moment. à la veille de la première bataille li
vrée au nom de l'Empereur des Français. pèse
t-il la responsabilité qu'il assume. Mais le voici
reconnu à la lueur des brasiers. Un corps se
dresse, puis deux. puis cent. L'armée entière
est debout. Vague énorme et déferlante levée
au ras de la neige. elle monte vers l'horizon
obscur des champs de l'ombre. La plaine vit
tout entière dans le tourbillonnement des guerriers accourant vers l'Empereur. et sur cette
ombre mouvante. sur cette mer de cris. la
flamme jaillit. Comme transmise par les porteurs antiques du flambeau dans le stade. elle
s'éloigne, revient. allume les torches dans le
camp, secoue ses crinières d'étincelles au haut
des baïonnettes qui la hissent vers l'apothéose
du Héros.

Joie enfantine. plaisir héroïque où la danse[1]

---

1. « La veille du combat, qui était aussi celle de l'anniversaire
du couronnement, l'armée a montré son amour pour l'Empereur
en allumant des torches de paille, en dansant autour, en chantant
et criant (*sic*) Vive l'Empereur!... » *Lettre de Defeux, officier
de chasseurs à cheval, 13 frimaire an XIV. (Collection de feu
M. Paul Dablin.)*

se mêle aux acclamations, où la flamme victorieuse éclaire la marche de César parmi les
morts de demain. Ému, il regarde. Au cœur,
il se sent la pénétrante chaleur de cet amour
rude de l'armée, de cette tendresse de France
qui rugit dans ces bivouacs de Moravie.

-- Rentrons, dit-il à son escorte, ces spectacles, malgré tout mon courage, me donneraient
de la sensibilité et me rendraient inhabile à
faire la guerre.

Aveu d'émotion, larme secrète et confidentielle
qui rachète l'impérieuse rudesse de tant de
gestes! Devant l'explosion de ces cris passionnés,
au spectacle de toutes ces âmes tendues, of-
fertes, il va faiblir. Mais il se redresse, sourit
et se retire. Le tourbillon des cris l'enveloppe.
Du fond de la nuit, ils lui arrivent en rumeurs
de prophétique apothéose, et quand le destin
de toutes ces flammes légères s'achève, monte
à l'horizon trouble la première lueur, hésitante,
pâle, hagarde, du soleil de ce nouveau matin.

*
* *

En quelques pages concises et synthétiques[1],
M. Henry Houssaye a défini d'une manière admirablement précise le caractère de la tactique
napoléonienne. Il semble qu'il n'y ait plus rien à
dire après lui sur ce sujet vaste et tant discuté.

1. Henry Houssaye, *Napoléon, homme de guerre*, un volume
in-16 (Daragon, édit., Paris, 1904).

C'est ici surtout qu'apparaît la foi de Napoléon en son génie. Ceci ne saurait être mis en
doute: tacticien, Napoléon doit tout à lui-même.
Ce qu'il a écrit dans le *Mémoire pour la défense du golfe Saint-Florent*, dans le *Souper de
Beaucaire*, dans le *Mémoire sur la position militaire et politique des armées*, fait deviner la tactique de Marengo, de Wagram, de Bautzen. Partout, en dépit des plus grands efforts contraires,
il donnera raison à sa stratégie « dont les traits
de génie en apparence les plus spontanés sont
le produit d'une doctrine immuable, synthèse
de quelques conceptions vagues ébauchées par
ses maîtres[1] ». Donc, génie propre, personnel.
Avec justesse M. Henry Houssaye note que
« bien qu'il regarde le métier des armes comme
le plus beau », bien qu'il en ait fait sa carrière,
il ne lit ni Polybe, ni César, ni Montecuculi, ni
Folard, ni Guibert (du moins, ses innombrables
cahiers de notes, n'en témoignent pas); il lit
Machiavel, il lit Voltaire, il lit Rousseau, il lit
Raynal[2]. » Son inspiration seule le guide, son
génie le conduit. Chateaubriand lui-même dira
que pour s'instruire il n'a eu « qu'un maître
vulgaire[3]. Chez l'Empereur, enfin, nous lisons
ce mépris pour l'éducation militaire: « J'ai livré
soixante batailles, je n'ai rien appris que je ne

---

1. Le capitaine J. Colin : *L'Éducation militaire de Napoléon*
(in-8. Paris, 1900).

2. *Vol. cité*.

3. Chateaubriand, *Mémoires d'outre-tombe*.

susse dès la première. » Théoriquement que
savait-il à la première? Rien. Pratiquement il
connaissait tout. Toulon fut son école et là,
comme à Austerlitz, comme à Wagram, il a fait
triompher son axiome: « Il ne faut pas dissé-
miner les attaques mais les concentrer [1]. » Le
mérite lui revient de l'avoir formulé. « Il s'inspire de la méthode frédéricienne et des essais
révolutionnaires, dit M. Henry Houssaye, mais
ce qui l'inspire surtout, c'est son génie éminem-
ment offensif. » Et si, dans la campagne d'Italie,
il répète presque exactement les opérations de
Turenne [2], c'est en les fondant au creuset de
l'unité qu'il adoptera désormais [3]. Cette préparation des batailles, cette cuisine militaire, si
j'ose dire, Napoléon n'aime pas à s'y arrêter,
et dans le *Mémorial* il insistera pour qu'on n'en
considère que les résultats [4].

Cette tactique qui triompha des armées numé-
riquement les plus fortes, elle se trouve con-

1. *Mémoire sur la position politique et militaire des armées.*

2. J. Rocquancourt, *Cours d'art et d'histoire militaires* (Bruxelles, 1836).

3. « *Presser... stimuler...* » Les mots reviennent souvent sous
sa plume. Nous les avons retrouvés dans une lettre inédite écrite
comme commandant en chef de l'armée d'Italie, au général Des-
pinoy, à la date du 18 messidor (1796). — (*A catalogue of books
on Napoleon by Hodgson et C⁰*, London, décembre 1907.)

4. « Mes soixante batailles ne sont qu'une partie de très vastes
combinaisons. Elles doivent être jugées par les résultats. Marengo
m'a donné l'Italie, Ulm a vu disparaître toute une armée, Iéna a
livré la monarchie prussienne, Friedland a ouvert l'empire russe,
Eckmühl a décidé de toute une guerre. »

densée en trois phrases brèves et nettes. Pour
l'ennemi: « Il faut étreindre l'ennemi comme un
lutteur étreint son adversaire. » Pour la bataille: « Une bataille n'est perdue que si on la
croit perdue. » Pour le soldat: « J'échauffe les

LE TRIOMPHE DU GRAND NAPOLÉON,

Imagerie d'Épinal. — *Collection H. Fleischmann.*

têtes froides et je refroidis les têtes chaudes. »
Il dira encore: « Le seul mobile du soldat français est l'honneur » et ce mobile sera en ses
mains le levier le plus puissant dont jamais ait
disposé un chef d'armée.

Tactique simple, sobre et méthodique: « Les

grandes actions suivies résultent toujours des combinaisons du génie. Mes guerres furent audacieuses, mais méthodiques. J'ai toujours eu en vue le rapport des efforts avec les obstacles. Les plans de mes quatorze campagnes furent conformes aux vrais principes de l'art de la guerre. »

Quels principes? Les siens. Quel art de la guerre? Le sien encore, celui qui du « Battant! battu![1] » fait le sort des batailles.

C'est avec ces principes et ce passé, que l'Empereur attend sur le terrain qu'il a choisi, l'armée austro-russe.

*
* *

L'aurore vit debout, aux champs d'Austerlitz, les tambours-majors monumentaux. Ils éveillèrent les Aigles. Au tonnerre des caisses retentissantes l'armée se leva. Elle accourut à leur appel, dressa ses baïonnettes luisantes, mâcha ses cartouches et attendit.

L'aube hésitait encore aux portes obscures de l'horizon. A la parole de l'Empereur, le soleil se leva. Soumis, l'astre roi vint au rendez-vous guerrier de Napoléon. Les tambours ouvrirent le ban, saluèrent ceux qui allaient mourir pour César. L'orage des caisses roula au-dessus de l'aboi des artilleries, au-dessus des cris, de cla-

---

1. A Marengo, Desaix, accourant au moment critique, lui dit : *Battu, jean-foutre que tu es !* Et Bonaparte, avec un tranquille sourire, de répondre: *Battant ! battu ! c'est le sort des batailles !*

meurs, couvrit le *Vive l'Empereur!* des armées, s'enfla, grandit, emplit tout l'horizon. Et le soleil, grand et large, envahit le ciel. Et l'Empereur aperçoit « avec une indicible joie l'armée russe à deux portées de canon de ses avant-postes[1]. » De l'observatoire qu'il s'est choisi, il ordonne le combat, fidèle à l'ordre du jour qu'il a adressé à l'armée: « Je dirigerai moi-même vos bataillons, je me tiendrai loin du feu, si vous portez le désordre et la confusion chez les ennemis; mais si la victoire était un moment incertaine, vous verriez votre Empereur s'exposer aux premiers coups. »

Murat commence la parade, Murat en « bel accoutrement pour n'être pas aperçu[2]. » Sur son grand chapeau à large galon d'or flotte un plumet blanc entouré de panaches. Sur la pelisse verte de velours brodé tombent ses longs cheveux bouclés, soyeux, bruns. Il se dresse sur les étriers en bottes jaunes où s'enfoncent les pantalons cramoisis à la polonaise, galonnés d'or. Ainsi il s'avance à la tête des cavaliers. Mais ce n'est qu'une feinte. Les cavaliers obliquent, se retirent sous les « hurrahs! » des Russes aux promptes joies. Prologue comique de la tragédie. Davout, qui après avoir fait 36 lieues en un jour et demi, vient d'arriver à l'aube sur le champ de bataille, reçoit l'ordre de maintenir au couvent de Raygern, l'aile gauche des enne-

1. *XXXe Bulletin de la Grande Armée.*
2. *Journal du maréchal de Castellane.*

mis. Il part. La concentration des corps de réserve de la cavalerie, sous Murat, s'opère. Le premier acte commence. Voyons les acteurs. Lannes commande la gauche avec deux divisions d'infanterie et une division de cavalerie légère : six lignes barrant la route de Brünn. Soult, embusqué derrière Girzikowitz et Pontowitz, est au centre, et, derrière Soult, attend la réserve partielle du corps de Bernadotte. Entre Lannes qui tient la gauche, et Bernadotte, piaffe la cavalerie de Murat, « prête à agir dans la plaine [1]. » Dix bataillons de grenadiers de la division Oudinot, dix bataillons de la garde avec leur cavalerie et leur artillerie attendent en troisième ligne, réserve générale que ménage Napoléon.

Devant elle la Grande Armée a les 83 645 soldats et cavaliers des Alliés, masse compacte et vociférante de 114 bataillons et de 172 escadrons. C'est sur le centre de cette masse que va porter tout l'effort de l'Empereur. Les premiers canons ont tonné avec Davout repoussant l'avant-garde ennemie sur l'extrême droite. À leur aboi se mêle le fracas des artilleries sur la droite des Austro-Russes que Soult coupe avec Vandamme aux hauteurs de Pringen. Lannes coupe la gauche et, à cet instant, le champ de bataille est plein du « bruit affreux » des deux armées aux prises. C'est le trentième bulletin de la Gran-

---

1. Commandant L. Picard : *la Cavalerie dans les guerres de Révolution et de l'Empire*, t. I, p. 304 (Saumur, 1895).

de Armée tout entier qu'il faudrait reproduire
ici. L'éloquence impériale a mis là de l'ordre
dans la mêlée, de la clarté dans les fumées des bagarres acharnées. Il y a la retraite du 4e de
ligne, le choc de Bessières, la déroute de la
garde russe mitraillée presque à bout portant.
Terrible combat, où les blessés négligés, dédai-
gnés, râlent dans l'immense clameur déchaînée [1].
Confusion énorme, mêlée indescriptible, horreur
hurlante. Des chocs heurtent les escadrons tour-
billonnants. Les canons enfoncent les murailles
humaines et de la sauvagerie barbare des Russes
va triompher la frénésie française avec Bernadotte qui met en marche le centre. Cuirassiers,
chasseurs, cosaques, grenadiers, gardes nobles,
tout est confondu, précipité, heurté, mêlé. Au
bout de poings dégouttant de sang, des drapeaux
captifs s'envolent vers l'Empereur. Des pièces
d'artillerie se retournent contre ceux qui les
abandonnent.

Mais déjà, dans l'horizon, s'éteint leur tonnerre, s'éloigne leur fracas. Il est deux heures,
deux coups de bronze timide qui battent dans
l'humble clocher du village d'Austerlitz. Le sur-
saut d'agonie de l'armée vaincue cabre les derniers régiments. La réserve de la garde marche
à l'ordre de l'Empereur. Par les chemins, par
les ravins, la déroute hurle et se précipite. La

---

1. « Que, sous prétexte d'emmener les blessés, on ne dégarnisse
pas les rangs... » *Proclamation à la Grande Armée avant la
bataille d'Austerlitz, 10 frimaire an XIV.*

ligne russe, coupée par Soult et rejetée vers les étangs de Monitz, est canonnée dans sa fuite. Là elle s'abîme dans le gouffre de glace. Corps engloutis, agonies hurlantes de 20 000 soldats dit le *Bulletin*, de 6 000 dit Marbot, de quelques-uns, rectifie le général autrichien Stutterheim, de 20, conclut le colonel de génie Guiraud de Saint-Marsal. C'est un jour d'hiver. Le crépuscule est hâtif. Quand la nuit est venue, il reste sur le champ de bataille, le vaste amoncellement des cadavres hachés, piétinés, 47 drapeaux, 142 pièces d'artillerie.

Il y a là 1 836 morts français [1], 6 840 blessés [2], La coalition laisse sur la neige — boue sanglante — 8 020 cadavres [3], et livre aux mains de l'Empereur 10 847 prisonniers [4].

Effroyable charnier de la plus radieuse des victoires! C'est drapé dans son éclat que Napoléon se dresse dans l'histoire et c'est, peut-être à cause de la défaite de l'été, que la victoire de l'hiver semble à nos yeux l'envelopper du rayonnement imperceptible de cette gloire. Une

---

1. *Huit cents tués*, dit le *Bulletin* qui contient le récit de la bataille. Le même bulletin mentionne le général Walhubert comme blessé. Il fut, en réalité, tué. Parmi ce chiffre des morts il faut compter 111 officiers, 5 de l'état-major, 3 de la garde, 73 de l'infanterie, 28 de la cavalerie, 2 de l'artillerie.

2. Dans ce chiffre sont compris 519 officiers blessés.

3. Le *Bulletin de la Grande Armée* donne le chiffre (faux) de 15 000.

4. Nouvelle inexactitude du *Bulletin* : le chiffre des prisonniers ne fut pas de 20 000, ainsi qu'il l'affirme. (*Documents de M. Édouard Gachot*).

fois encore l'éclair de son génie a triomphé ici de la force brutale. Il a signifié la paix à coups de canons; il a consacré l'anniversaire du couronnement, jeté une poignée de croix à son armée éperdue, cette armée dont chaque soldat disant: « J'étais à Austerlitz! » se verra saluer de la phrase: « Voilà un brave[1]! » Désormais, le soleil se souviendra que « Napoléon l'a illustré[2] ».

1. Proclamation du lendemain d'Austerlitz, 12 frimaire : *Correspondance de Napoléon Ier*, t. XI, n° 9537.

2. Victor Hugo, *l'Événement*, 11 décembre 1848.

VIII

Le Lendemain d'Austerlitz

L'Empereur ne s'attarda pas dans les champs de Moravie. Au surplus, après la journée du 11 frimaire, il ne pouvait être question que de la paix. Au camp de Napoléon le prince de Lichtenstein était venu la demander au nom de l'Empereur d'Allemagne et d'Autriche.

Talleyrand était envoyé à Vienne pour la conclure. tandis que l'Empereur attendait à Schoenbrunn le fruit de sa victoire. Cette paix, elle venait à l'heure dont il avait lui-même décidé, au moment qu'il avait voulu, imposé, arrêté. De là son mécontentement des manifestations de Paris réclamant la paix, antérieurement à Austerlitz, au lendemain de la capitulation d'Ulm reçue par M. de Ségur. Il écrit à Joseph qui lui en fait part: « Je n'ai pas coutume de soumettre ma politique aux discours des oisifs de Paris. Mon peuple sera toujours satisfait quand je le serai. Tel qui crie aujourd'hui après la paix blâmera les conditions que j'aurais acceptées. Il ne faut pas laisser égarer l'opinion par les journaux. Je suis particulièrement mécontent du *Journal de Paris*[1] et des articles qui y sont insérés depuis quelque temps. Il n'y a que des sots ou des intrigants qui puissent penser et écrire ainsi[2]. » Miot de Mélito, qui cite la lettre d'après l'original qu'il eut sous les yeux, donne pour cause à ce mécontentement le désir qu'avait l'Empereur de « faire sentir aux négociateurs autrichiens qu'il ne la (la paix) regardait pas comme nécessaire pour lui, et que, par conséquent il voulait rester maître des conditions. »

Il est le maître de la guerre et de la paix, il veut qu'on le sache. « Le caquetage des banquiers de Paris, m'importe peu, » écrit-il.

Le 6 nivôse (26 décembre), le prince de Lichtenstein et le comte Giulay signent avec Talleyrand le traité qui prend le nom de Presbourg. Le Tyrol, les possessions de Souabe et de Brisgau sont perdus pour l'Autriche. L'Italie reçoit Venise et son territoire, et les électeurs de Bavière et de Wurtemberg deviennent rois. Ce ne sont là que des satisfactions générales. L'Empereur en obtient d'autres par un article secret: l'empereur d'Allemagne renonce à cette dignité et limite sa puissance territoriale aux possessions héréditaires de l'Autriche. François II d'Allemagne s'efface ainsi des puissances continentales pour devenir François Ier d'Autriche. La

---

1. Rœderer en était directeur.
2. *L'Empereur au roi Joseph*, 30 frimaire an XIV.

vacance de l'Empire germanique est ouverte,
et ce que le sacre promettait, voici un an, se
réalise aujourd'hui. Cette Allemagne que voilà
sans maître, Napoléon en fera la Confédération
dont il sera le Protecteur. La volonté dynastique, l'idée de reconstituer intégralement l'empire de Charlemagne reparaît. Le continent va
avoir son nouveau César et, le 8 juillet 1807,
au traité de paix de Tilsitt, les conditions qu'il
imposera à l'empereur Alexandre, attesteront la
hantise de cette idée, la volonté de la réaliser.

Aujourd'hui, la première phase est révolue.
Quelques jours plus tard, le 31 décembre, Napoléon arrête à Munich le mariage d'Eugène
de Beauharnais avec la fille du nouveau roi
de Bavière, la princesse Augusta[1].

Il veut ménager à Paris cette surprise, car
de Munich, à cette même date, il écrit à Joseph,
le billet que voici, laconique comme un ordre
du jour — et c'est un ordre du jour, d'ailleurs,
pour la famille, pour sa mère :

> « Je vous charge de faire connaître de ma part,
> « à ma mère le mariage du prince Eugène avec la
> « princesse Augusta.
> « Je désire qu'on n'en dise rien publiquement. »

---

1. « Une très jolie personne, dit l'Empereur. » (*Mémoires du roi Joseph,* t. I.)

Ce n'est qu'une affaire politique qu'il règle comme il a réglé celle de « la femme avec qui vit M. Jérôme Bonaparte [1] », ainsi qu'il le dit.

Cela fait, il ne s'attarde pas en Allemagne, et, le 26 janvier 1806, à neuf heures du soir, parmi le trot de son escorte chamarrée, la berline impériale franchit les guichets du Louvre.

*
* *

Le 20 frimaire, on a reçu à Paris la nouvelle d'Austerlitz, nouvelle accueillie avec joie et sans surprise. Napoléon n'est-il pas resté pour le peuple le « mécanicien de la victoire » de Rivoli, le « géomètre des batailles » de Marengo? Les fêtes, un instant interrompues par la campagne de Moravie, reprennent. Chaque jour, ce sont des détails nouveaux publiés dans les gazettes, chaque jour apporte à l'enthousiasme et à la curiosité populaires sa part de satisfactions, et cet enthousiasme, cette curiosité, le gouvernement, les entretient avec soin. On fait savourer goutte à goutte la grande nouvelle de la victoire d'Austerlitz [2]. Fouché est là, d'ailleurs, qui entretient ces sentiments et use des moyens habituels pour susciter l'enthousiasme

1. « Épouser le frère du premier consul, cela n'était ni ordinaire, ni commun, et, en mariages transatlantiques, il était difficile de mieux débuter : les milliardaires le trouveraient encore acceptable.» Frédéric Masson : *Napoléon et sa famille*, t. II (1802-1805.)

2. *Correspondance du cardinal Maury*. Lettre à Artaud de Montor ; Montefiascone, 3 janvier 1806.

au cas où il ferait défaut[1]. Fouché qui traque
les derniers jacobins avec ruse, avec une férocité sournoise et papelarde, sans-culotte qui enveloppe « la corde de la lanterne dans le cordon
de la Légion d'honneur[2] ». L'Eglise, réconciliée avec Napoléon par le sacre, participe à son
triomphe. Le *Te Deum* est chanté à Notre-Dame
pour la capitulation d'Ulm, pour les victoires
de « l'auguste souverain ». Une messe funèbre
est célébrée pour honorer les mânes des héros
morts à Austerlitz. L'abbé Maurice de Broglie[3],
devenu évêque d'Acqui, publie un mandement
enthousiaste. L'ex-jacobin Chabot[4] demande
qu'une place de Paris s'apppelle désormais
« place Napoléon-le-Grand ». Les drapeaux prisonniers de la journée du 11 frimaire sont ramenés en grande pompe à Paris comme sous
la monarchie[5] et destinés à orner désormais
les lieux où s'élaborent les lois qu'inspire le
génie impérial. Ils attesteront là, suivant la volonté de Napoléon, devant la postérité, le souvenir d'une victoire deux fois symbolique.

1. « ... En dépit de quelques acclamations maladroites payées
par la police et faisant trop facilement reconnaître leur origine,
il y en eut assez de sincères pour satisfaire celui dont ces cris
saluaient le triomphe. » Miot de Mélito, *vol. cit.*
2. Chateaubriand, *1 vol. cit.*
3. Le fils aîné du maréchal de Broglie.
4. Chabot, secrétaire du Tribunat, devenu, en 1806, inspecteur
général des écoles de droit. Sa motion date du 9 nivôse.
5. « Tous nos roys, très persuadez que les victoires qu'ils avoient
remportées n'étoient pas deues à leurs bras, mais à la protection
toute puissante que le Dieu des armées leur avoit accordée, ont tou-

De la « mixture populaire », des « phrases
à effet », de « l'emphase voulue[1] » que Taine
prétend trouver, dans les proclamations de Napoléon, le peuple se grise. Il les lit dans le *Bulletin,* on les commente aux carrefours où, hissé sur la borne, le vendeur des nouvelles du
jour les hurle comme jadis il y hurlait la *Liste
des gagnants à la loterie de Sainte-Guillotine.*

M. Crouzet réveille, dans une ode, le vieil
Homère et le fait dialoguer avec un soldat français. En chœur, ils s'écrient :

> ...Fut-il dans tous les âges
> Rien d'égal à Napoléon ?

A Madame Mère, le poète corse Gianini, dédie
un *Chant guerrier* et c'est Barrère, l'*Anacréon de
la Guillotine,* qui le traduit. Chaque matin, une
nouvelle flore poétique s'abat sur Paris, mais
c'est surtout au théâtre qu'elle triomphe, qu'elle
atteste la facilité des fabricants de vaudevilles.
Partout ce ne sont que couplets de circonstances sur des airs à la mode. Le 12 décembre,
Dugazon chante au Théâtre-Français :

jours religieusement observé d'envoyer au pied des autels de cette
église (*les Invalides*) les drapeaux, étendards et autres marques
d'honneur gagnez dans les batailles, combats et autres actions. »
*Registre des drapeaux déposés à l'Hôtel des Invalides sous le
règne de Louis XIV.* (Bibliothèque nationale, manuscrits français,
n° 14166.)

1. H. Taine, *vol. cit.*

> Olmutz atteste la gloire
> Et la valeur des Français;
> Nos neveux ne pourront croire
> A leurs étonnants succès,
> Mais au temple de mémoire
> Mars aura gravé le nom
> Du héros Napoléon.

Et sur le même ton, l'acteur Bellin lui répond:

> O jour fameux dans l'histoire,
> Trois successeurs des Césars
> Cherchant la même victoire,
> Courent les mêmes hasards;
> Mais si, dans les champs de gloire,
> Trois sont venus, trois ont vu,
> Le vrai César a vaincu.

Touchants spectacles, où le mauvais goût ne le cède qu'à l'enthousiasme, où les noms barbares des villages de Moravie excusent les audaces des rimes.

C'est à l'Opéra que l'Empereur verra son triomphe théâtral. Le spectacle auquel il assiste après son retour d'Autriche, débute par un ballet ingénieux où on voit toutes les nations du monde évoluer en entrechats autour des trophées des vainqueurs et les couronner de laurier entre deux jetés battus[1]. La Taglioni conduit les Mamelucks et Vestris mène les Suisses. Dans un chœur alterné, un général chante la gloire des fils de Mars et un maire pro-

---

1. « Idée profonde, car l'univers, en effet, ne peut être étranger à la France devenue sa capitale. » *Journal de l'Empire.*

clame la gloire de l'Etre suprême. Ce spectacle ne s'est-il point vu déjà sous la Terreur? Mais le grand succès de la soirée est pour le danseur Henri. Il pirouette avec élégance et facilité et tout en pirouettant il accroche à la loge de l'Empereur une couronne de lauriers. Cela fait, en continuant de danser, il fait hommage à l'Impératrice d'une couronne de roses. L'enthousiasme est à son comble. Et après le souvenir brusquement évoqué des fêtes civiques révolutionnaires, c'est celui des représentations honorées de la présence de la Dauphine, fiancée à celui qui sera Louis XVI.

Devant que d'aller applaudir au spectacle, les curieux se promènent rue Montholon, où on construit la chapelle Saint-Vincent-de-Paul. On court admirer les restaurations du Louvre et on admire l'ingénieuse idée qui impose aux maisons le numérotage régulier. Rue du Bac, on installe le séminaire des Missions étrangères, et au collège de Navarre on transfère l'Ecole polytechnique. Foule dans les cafés. C'est la paix.

Le jacobinisme devait encore en 1805 subir un rude coup. Le traité de Presbourg devait être le dernier acte diplomatique daté de l'ère révolutionnaire, et les noms charmants des mois républicains imaginés par Fabre d'Eglantine allaient disparaître à jamais. Au 11 nivôse an XIV (31 décembre), l'ère jacobine expira. Le 1er janvier 1806, la France se régla sur le calendrier

grégorien. Tombé depuis longtemps en désué-
tude[1], le calendrier républicain survivait à la
grande tourmente politique, réglant uniquement
la vie civique de la France depuis treize ans.
« J'ai un peu de préjugés et je suis bien aise
que la paix date du renouvellement du calendrier
grégorien, qui présage, j'espère, autant de
bonheur à mon règne que l'ancien », écrivait
l'Empereur, le 25 décembre, à Talleyrand. Ainsi,
par la volonté impériale, l'œuvre de Gilbert
Romme présentée à la Convention le 5 octobre
1793, disparaissait.

Aux yeux des amoureux de la Rome antique,
thermidor allait céder le pas à août, mois d'Auguste; ventôse à mars, cher au dieu de la guerre;
nivôse à janvier, consacré à Janus; le jour
de la colchique redevenait celui de Vénus, et
Mercure reprenait son hebdomadaire royauté
sur la journée de l'œillet. On répudiait cette
sottise[2] qui proclamait Lalande repenti, lui
qui avec Lagrange, Monge et Guyton de Mor-
veau, avait été chargé de la partie scientifique,

1. « Le calendrier républicain est le seul légal, le calendrier
grégorien le seul suivi. » Stanislas Girardin, *Journal et Souvenirs*
1798), t. I, p. 141.

2. Au collège de France, le 28 ventôse an IX).

Citoyen Ministre *.

Le *Moniteur* vous demande la permission de mettre les deux dates. Le
nouveau calendrier est une sottise. Je ne l'ai fait que parce que Romme
l'exigeait impérieusement en 1793. Le gouvernement qui défendit aux
journalistes les deux calendriers est trop décrié pour qu'on puisse y avoir
égard. Vous soulagerez le public qui ne peut s'y accoutumer.

Salut et respect.

LALANDE.

* Chaptal, ministre de l'intérieur.

par la Convention, lors de l'élaboration du calendrier nouveau.

*
* *

Au milieu de l'ivresse de ce triomphe éclata
en coup de foudre la nouvelle de la mort de
William Pitt.

L'homme qui considérait en Napoléon *l'ennemi
du genre humain* et le tenait pour le *champion du
jacobinisme* tombait au lendemain de l'apothéose
impériale. Devant que de mourir il avait pu voir
son *ennemi personnel*[1] sacré à Notre-Dame et victorieux à Austerlitz. De cette Angleterre où il
avait été tout-puissant, qu'il s'était donné pour
femme[2], il avait dirigé contre Napoléon l'effort
jamais las et toujours répété de la coalition.
Au lendemain de sa plus retentissante défaite,
il succombait. Par Bonaparte triomphait le principe révolutionnaire qui eut en Pitt son plus
ardent adversaire. Les menées anglaises ten-
dant à la restauration des Bourbons et pour
laquelle on avait soutenu pécuniairement la Vendée, étaient ruinées à jamais par lui. De là cette
haine qu'affichait publiquement Pitt et que par-
tageait l'Empereur. De Sainte-Hélène, il a porté
sur lui le plus terrible et plus rigoureux de ses
jugements: « M. Pitt a été le maître de toute
la politique européenne; il a tenu dans ses mains
le sort moral des peuples; il en a mal usé; il

---

1. *Mémoires de Mme la duchesse d'Abrantés.*
2. H. de Balzac, *Z. Marcas.*

a incendié l'univers et s'inscrira dans l'histoire à la manière d'Erostrate, parmi des flammes, des regrets et des larmes!... D'abord, les premières étincelles de notre révolution, puis toutes les résistances au vœu national, enfin tous les crimes horribles qui en furent la conséquence, sont son ouvrage. Cette conflagration universelle de vingt-cinq ans; ces nombreuses coalitions qui l'ont entretenue; le bouleversement, la dévastation de l'Europe; les flots de sang des peuples qui en ont été la suite; la dette effroyable de l'Angleterre qui a payé toutes ces choses; le système pestilentiel des emprunts, sous lequel les peuples demeurent courbés; le malaise universel d'aujourd'hui; tout cela est de sa façon. La postérité le reconnaîtra; elle le signalera comme un vrai fléau : cet homme tant vanté de son temps, ne sera plus un jour que le génie du mal. C'est son système qui a ménagé l'asservissement de la cause populaire et le triomphe des patriciens[1]. »

Rude jugement ratifié par le temps! Napoléon y oublie volontiers la campagne d'injures et de libelles menée contre lui par Pitt. Il le juge, homme de la situation politique, au point de vue strictement politique, et il ne condescend pas à l'outrage. Son jugement a la sérénité et la précision de procès-verbal d'une page d'histoire. L'exil de Sainte-Hélène donnait à sa voix l'accent prophétique de l'avenir.

---

1. *Mémorial de Sainte-Hélène*, t. IV, p. 121-122.

Une joie délirante accueillit la nouvelle de cette mort à Paris. La Providence semblait consacrer le triomphe impérial, et ce fut sur ce *Dies iræ* victorieux que se termina l'épopée nationale du sacre.

APPENDICE

Composition de la Grande=Armée
à la veille d'Austerlitz

Généralissime :

Napoléon, Empereur des Français, roi d'Italie.

Major général :

Maréchal Alexandre Berthier.

Aides de camp du major général :

Le chef d'escadron Girardin; le capitaine Edouard Colbert; le capitaine Lejeune; le lieutenant Lagrange; le sous-lieutenant Auguste de Périgord; le sous-lieutenant Edouard de Périgord.

Etat-major :

Le général Parmentier; le général Reille; le général René; l'adjudant-commandant Le Camus; l'adjudant-commandant Dalton.

Aides-major général :

Le général Andreossy; le général Mathieu Dumas.

Artillerie :

Le général de division Songis; Le général de brigade Pernetti; le colonel Senarmont.

Génie :

Le général de division Marescot; le général de division Lery.

Intendant-général :

Petiet.

1er CORPS D'ARMÉE

Le maréchal Bernadotte.

Chefs d'état-major :

Le général Léopold Berthier; l'adjudant-commandant Maison.

Division Drouet :

Brigades Frère et Werlé : 27ᵉ léger, 94ᵉ et 95ᵉ de ligne. (Colonels Chanotet, Razout et Pécheux.)

Division Rivaud :

Brigades Dumoulin et Pacthod : 8ᵉ, 46ᵉ et 54ᵉ de ligne. (Colonels Autié, Barrié et Philippon.)

Artillerie :

Le général Eblé.

Cavalerie :

Le général Kellermann fils. Brigades : Picard et Van Marisy : 2ᵉ, 4ᵉ, 5ᵉ hussards; 5ᵉ chasseurs. (Colonels Barbier, Burthe, Schwartz et Corbineau.)

2e CORPS D'ARMÉE

Le général de division Marmont.

Chefs d'état-major :

Le général Vignolle; l'adjudant-commandant Delort.

Division Boudet :

Brigades Soyez et Dessaix : 18e léger, 11e et 35e de ligne. (Colonels Baleydier, Bachelu et Breissaud.)

Division Grouchy :

Brigades Delzons et Lacroix : 84e et 98e de ligne, 8e batave. (Colonels Saucey, Guiardet et X...)

Division Dumonceau :

Brigades Quaita et Vanhadel : troupes bataves.

Artillerie :

Le général Tirlet; le chef d'état-major colonel Foy.

Cavalerie :

Le général Lacoste; brigades Guérin d'Etoquigny et Collaert : 6e hussards, 8e chasseurs, deux escadrons de hussards bataves, deux escadrons de dragons bataves. (Colonels Pajol, Curto, X... et X...)

3e CORPS D'ARMÉE

Le maréchal Davout.

Chefs d'état-major :

Le général Daultanne; l'adjudant-commandant Beaupré; l'adjudant-commandant Maris.

Division Bisson :

Brigades Eppler, Dumont et Debilly : 13e léger, 17e,

30e, 51e et 61e de ligne. (Colonels Castex, Conuroux, Valterre, Bonnet d'Hormières et Nicolas.)

Division Friant :

Brigades Hendelet, Lochet et Grandeau : 15e léger, 33e, 48e, 108e et 111e de ligne. (Major Geither, colonels Saint-Raymond, Barbanègre, Higonnet et Gay.)

Division Gudin :

Brigades Petit et Gauthier : 12e, 21e, 25e et 85e de ligne. (Colonels Vergès, Dufour, Cassagne et Viala.)

Artillerie :

Le général Sorbier.

Cavalerie :

Division Vialannes : 7e hussards ; 6 escadrons de chasseurs. (Colonels Marx, Montbrun, Bonnon et Guyon.)

4e CORPS D'ARMÉE

Le maréchal Soult.

Chefs d'état-major :

Salligny ; adjudant-commandant Le Maroisaine.

Division Saint-Hilaire :

Brigades Morand, Thiébault et Varé : 10e léger, 11e, 36e, 43e et 55e de ligne. (Colonels Pouzet, Mazas, Houdart de la Motte, Raymond Viviès et Ledru des Essarts.)

Division Vandamme :

Brigades Schiner, Candras et Ferey : 24e léger, 4e, 28e 46e et 57e de ligne. (Colonels Pourailly, Joseph Bonaparte, Edighoffen, Latrille et Rey.)

Division Legrand :

Brigades Levasseur et Merle, 26e léger, 3e, 18e et 75e de ligne. (Colonels Pouget, Schobert, Ravier, Lhuillier.) Tirailleurs du Pô et de la Corse.

Artillerie :

Le colonel Demarçay.

Cavalerie :

Le général Margaron ; l'adjudant-commandant Cambacérès : 8e hussards, 11e et 26e chasseurs. (Colonels Franceschi, Bessières et Digeon.)

5e CORPS D'ARMÉE

Le maréchal Lannes.

Chefs d'état-major :

Compans ; l'adjudant-commandant Decouz.

Division Oudinot :

Brigades Laplanche-Mortières, Dupas et Ruffin : Corps d'élite des 13e, 58e, 9e et 81e de ligne ; 2e, 3e, 12e 15e, 28e et 31e légers. (Colonels Froment, Brayer, Schramm, Cabanes et Desailly.)

Division Gazan :

Brigades Graindorge et Campana : 4e léger, 100 et 103e de ligne. (Colonels Bazancourt, Ritay et Taupin.)

Division Suchet :

Brigades Becker, Valhubert et Claparède : 17e léger, 34e, 40e, 64e et 88e. (Colonels Vedel, Dumoutier, Legendre, Nerin et Curail.)

Artillerie :

Le général Foucher.

Cavalerie :

Brigades Fauconnet : 13e et 21e chasseurs. (Colonels
Pultière et Berruyer.) Brigade Treilhard : 9e et 10e
hussards. (Colonels Guyot et Beaumont.)

6e CORPS D'ARMÉE

Le maréchal Ney.

Chefs d'état-major :

Le général Dutaillis. L'adjudant-commandant Jomini.

Division Dupont :

Brigades Rouyer et Marchant : 32e et 96e de ligne ; 9e
léger. (Colonels Darricau, Barrois et Meunier.) 1er
hussards. (Colonel Rouvillois.)

Division Loison :

Brigades Villatte et Roguet : 6e léger, 39e 69e, 76e
de ligne. (Colonels Cassagne, Bardet, Lamartinière
et Gérard Lacuée.)

Artillerie :

Le général Leroux.

Cavalerie :

Le général Villy ; 1er hussards, 10e chasseurs. (Colonel Colbert.) 3e hussards. (Colonel Lebrun.)

7e CORPS D'ARMÉE

Le maréchal Augereau.

Chefs d'état-major:

Donzelot. L'adjudant-commandant Rouyer.

Division Desjardins:

Brigades Lapisse, Lamarque et Augereau: 16e léger,
44e, 105e de ligne et 7e chasseurs. (Colonels Harispe
Sauveur, Habert et Lagrange.)

Division Maurice Mathieu:

Brigades Sarrut et Sarazin: 7e léger, 24e et 63e de
ligne. (Colonels Boyer, Semellé et Lacuée.)

Cavalerie:

7e et 20e chasseurs.

Artillerie:

Le général Dorsner.

GARDE IMPÉRIALE

Le maréchal Bessières.

Grenadiers et chasseurs à pied: le général Hulin et le
général Soulés.

Cavalerie:

Le général Ordener, chasseurs, grenadiers, mameluks,
gendarmerie d'élite.

RÉSERVE DE CAVALERIE

S. A. S. le prince de Murat; grand amiral de France,
lieutenant de l'Empereur et Roi.

Chef d'état-major:

Chef d'état-major Belliard. L'adjudant-commandant
Girard, l'adjudant-commandant Darsonval.

Aides de camp:

Exelmans, Flahaut, Lagrange et Lanusse.

1re Division de grosse cavalerie:

Le général de Nansouty. Brigade Piston: 1er et 2e carabiniers; brigade de La Houssaye; 2e et 3e cuirassiers; brigade de Saint-Germain: 9e et 12e cuirassiers. (Colonels Cochois, Morin, Ywendorff, Doumers, Préval et Belfort.)

2e Division de grosse cavalerie:

Le général d'Hautpoul. Brigade Saint-Sulpice: 1er et 5e cuirassiers; brigade X...: 10e et 11e cuirassiers. (Colonels Guiton, Noirot, Lataye et Souler.)

1re Division de dragons:

Le général Klein. Brigade Fournier: 1er et 2e dragons; brigade La Salle: 4e et 20e dragons; brigade Milet: 14e et 26e dragons. (Colonels Arrighi, Reynaud, Wathier, Lafond, Blaniac, Delorme; le major Grivaux.)

3e Division de dragons:

Le général Walther. Brigade Sébastiani: 3e et 6e dragons; brigade Roger de Belloquet: 10e et 11e dragons; brigade Boussard: 13e et 22e dragons. (Colonels Cavaignac, Broc, Carrié, Féleau, Le Baron, Bourdon.)

3e Division de dragons:

Le général de Beaumont. Brigade Boyer: 5e, 8e et 9e dragons; brigade Scalfort: 12e, 16e et 21e dragons. (Colonel Lacour, Pagis, Maupetit, Clément, Dunas; le major Demanget.)

4e Division de dragons :

Le général Bourcier. Brigade Laplanche : 15e et 17e dragons ; brigade Sahuc : 18e et 19e dragons ; brigade de Verrière : 25e et 27e dragons. (Colonels Petcheloche, Saint-Dizier, Tercyre, Lefebvre-Desnouettes, Caulaincourt et Rigaud.)

Division de dragons à pied :

Le général Baraguey d'Hilliers. Brigade Lesuire : 4 régiments et 8 escadrons de dragons et de cuirassiers sans montures ; brigade de cavalerie légère : le général Milhaud.

Division composée du 16e et du 22e chasseurs [1].

1. L'effectif total de la réserve de cavalerie se montait à 22 000 hommes ainsi décomposés : 6 000 cuirassiers, 9 000 dragons à cheval, 1 000 artilleurs à cheval et 6 000 dragons à pied, les montures faisant défaut. On compléta les corps en cours de route.

FIN

Paris, 1907.

TABLE DES CHAPITRES

LIVRE III

LA CAMPAGNE DU SACRE

Imprimerie de J. Dumoulin, à Paris.   370.11.08

IMP. LA SEMEUSE
PARIS & ÉTAMPES

9 782329 562308